Winfried Böttcher
Europa 2020

W0275072

Winfried Böttcher

Europa 2020

Von der Krise zur Utopie

Tectum Verlag

Winfried Böttcher
Europa 2020
Von der Krise zur Utopie

© Tectum Verlag – ein Verlag in der Nomos Verlagsgesellschaft, Baden-Baden 2021

ISBN: 978-3-8288-4462-9
ePDF: 978-3-8288-7484-8
ePub: 978-3-8288-7485-5

Umschlag: Tectum Verlag, unter Verwendung des Bildes # 452159176
von Imagine Photographer | www.shutterstock.com

Gesamtverantwortung für Druck und Herstellung
bei der Nomos Verlagsgesellschaft mbH & Co. KG

Printed in Germany

Alle Rechte vorbehalten

Besuchen Sie uns im Internet
www.tectum-verlag.de

Bibliografische Informationen der Deutschen Nationalbibliothek
Die Deutsche Nationalbibliothek verzeichnet diese Publikation in der Deutschen Nationalbibliografie; detaillierte bibliografische Angaben sind im Internet über http://dnb.d-nb.de abrufbar.

Nachdenkliches Hinführen

Es gibt einen Imperativ für die Zukunft.

Wenn die nachfolgenden Generationen noch
in einer lebens- und liebenswerten Welt leben wollen,
dann müssen wir uns radikal ändern,
und zwar sofort, und nicht erst morgen.

Artikel 1 des Grundgesetzes:
„Die Würde des Menschen ist unantastbar."

Kardinal Richelieu (1585–1642):
„Politik ist die Kunst, das Notwendige möglich zu machen."

Václav Havel (1936–2011):
„Ohne einen Traum für ein besseres Europa
können wir kein besseres Europa schaffen."

Ernst Gellner (1925–1995):
„Dass das Realexistierende auch das Vernünftige sei,
gehört zu den schwachsinnigsten Behauptungen,
die in der Philosophie je vertreten wurden."

Walisische Autonomisten:
„Sich selbst zu regieren ist besser, als gut regiert zu werden."

Denis de Rougemont (1906–1985):
„Die autonomen, selbstverwalteten und föderativen
Regionen sind also die einzige Alternative
zum Nationalstaat“, dort in der Region
„ist der Raum der Bürgerbeteiligung,
wo der Mensch der Welt als auch sich selbst
bewusst werden kann.“

Robert Menasse (* 1954):
„Die Menschen sind doch in Wahrheit
in ihrer Region verwurzelt, durch das Leben.
Was ist schon ‚nationale Identität‘,
verglichen mit Heimatgefühl?
Heimat zu haben, ist ein Menschenrecht,
nationale Identität nicht.
Die regionale Identität ist die Wurzel der europäischen.“

Inhalt

0 Intention des Buches

Europa hat viele Krisen nach der doppelten Urkatastrophe des Ersten und Zweiten Weltkrieges durchlebt. Mit mehr oder weniger klugen Kompromissen wurde immer ein Ausweg gefunden. Ja, nicht selten schien Europa nach der Krise stärker als vorher. Wie wir schon bei Hippokrates (460–370) lernen können, eröffnet jede Krise auch gleichzeitig eine Chance für eine positive Entwicklung danach. Für gesellschaftliche Krisen trifft das allerdings nur dann zu, wenn diese nicht an den Grundfesten des Systems rütteln. Bei einem Teil unserer ausgewählten Krisen – Migration, Nationalismus, Umwelt und Klima – trifft dies in Gänze, bei den anderen in Teilaspekten zu.

Im Kapitel 5 des Buches begründe ich, warum wir in einer doppelten Systemkrise stecken, einer Krise, die in erster Linie eine Krise des Nationalstaates ist. Da die Europäische Union den Nationalstaat niemals überwunden hat, auf den Nationalstaaten gründet, reißt der Nationalstaat das europäische Projekt zwangsläufig mit hinein (vgl. hierzu Kap. 5.2).

Im ersten Teil des Buches habe ich neben den drei oben bereits erwähnten systemischen Krisen vier weitere Krisen – Finanzen, Ukraine, Brexit und Corona – ausgewählt, die Elemente unserer grundsätzlichen Krisenerscheinung aufweisen. An diesen sieben Krisenbeispielen können wir dann verdeutlichen, wie tief wir schon in einer Fundamentalkrise stecken, die nicht durch Kompromisse zu regeln, schon gar nicht zu lösen ist.

Bisher wurden Krisen, sowohl in einzelnen Nationalstaaten wie auch auf internationaler Ebene oder in der Europäischen

Union, mehr oder weniger durch Kompromisse – nicht selten nur vorübergehend – geregelt. Sie konnten jederzeit wieder aufbrechen. Nur durch eine Beseitigung der Ursachen kann eine Krise gelöst werden.

Nach Beschreibung und Analyse der Krisen, die in den realexistierenden nationalen und internationalen Systemen, wozu auch die Europäische Union gehört, nicht zu lösen sind, mache ich einen Vorschlag für einen Systemwechsel. Ich beschränke mich allerdings nur auf die europäische Ebene.

Natürlich weiß ich, dass die Vorwürfe kommen werden, ich machte unrealistische Vorschläge. Ich weiß aber auch, dass vor jeder praktischen Umsetzung eine Idee steht und dass „keine Idee eine gute ist, die nicht am Anfang als völlig illusorisch erschien" (Albert Einstein, 1879–1955).

Ich gehe also davon aus, dass der Nationalstaat seine historische Funktion erfüllt hat, zum Beispiel seinerzeit mit der Abschaffung des Feudalismus. Weiter gehe ich davon aus, dass mit den Nationalstaaten Europa nicht zu bauen ist, wie siebzig Jahre Integrationsversuche gezeigt haben.

Von daher schlage ich in einer Skizze in Kapitel 5.4 einen Systemwechsel vor, Europa ohne Nationalstaaten in einer Regionalisierten Republik neu zu gründen.

1 Zum Krisenbegriff

Der zentrale Begriff im ersten Teil des Buches heißt: Krise.

An sieben ausgewählten Krisenszenarien für das unruhige Jahrzehnt 2010 bis 2020 verdeutlichen wir unterschiedliche Veränderungsprozesse, die durch ganz unterschiedliche Krisen hervorgerufen wurden, auf ganz unterschiedlichen Feldern, und die ganz unterschiedlich noch andauern.

Alle ausgewählte Krisen – die Flüchtlingskrise, der Ukrainekonflikt, der Brexit, das Virus des Nationalismus, die Umwelt- und Klimakrise, die Coronakrise – zeigen in ihrer Breite und Tiefe individuelle, familiäre, gruppenspezifische, gesellschaftliche, regional-, national-, europa- und globalsystemische Facetten. So wird das Phänomen Krise an sieben Beispielen aus vielen Ecken beleuchtet.

(Im Weiteren zum Krisenbegriff übernehme ich das Kapitel aus meinem Buch *Klassiker des europäischen Denkens 2014*, teilweise überarbeitet und ergänzt.)

Das Wort „Krise“ bedeutet in seinem griechischen Ursprung (krinein = prüfen, sich entscheiden) Unterscheidung oder Entscheidung, wie es Thukydides (460–395), der Vater der Geschichtsschreibung, in der „Geschichte des Peloponnesischen Krieges“ verstanden hat (vgl. Starn 1973, 52 f.).

> „Es ist wahr, der Persische Krieg übertrifft an Bedeutung alle Taten früherer Zeiten. Indessen war derselbe bald zu Ende, und alles wurde durch zwei Schlachten zu See und

auf dem Lande entschieden" (Thukydides 1925, I, 23, s. auch: III, 31–83).

Für Randolph Starn ist die „wichtigste und interessanteste Auslegung des Begriffs" bei dem griechischen Arzt Hippokrates (460–377), einem Zeitgenossen von Thukydides, zu finden, wenn er über die Krise bei Krankheiten nachdenkt: „Die Krise tritt in Krankheiten immer dann auf, wenn die Krankheiten an Intensität zunehmen oder abklingen oder in eine andere Krankheit übergehen oder überhaupt ein Ende haben" (Hippokrates: De affectionibus, zit. bei: Starn 1973, 53).

Aus dem Krisenbegriff bei Hippokrates können wir mehrere verallgemeinernde Schlüsse ziehen. Danach ist jede Krise ein offener Prozess. Der Ausgang ist nicht vorhersehbar, also nicht zwangsläufig. Je nach Verlauf der Krise entscheidet sich, ob sie eine Wendung zum Besseren oder zum Schlechteren nimmt. Jede Krise hält also Alternativen bereit, beinhaltet auch Chancen. Krisen sind beeinflussbar, beherrschbar, wenn das Krisenmanagement eine Vorstellung davon hat, welche Veränderungen durch die Krise erreicht werden sollen.

> „In jedem Fall geht es hier um eine in sich unhaltbare Situation, die sich durch extreme Ambivalenz ihrer Entwicklungsmöglichkeiten auszeichnet und in der ‚etwas geschehen muß'. Genauer gesagt ist diese Situation eine objektive Gegebenheit, die bestimmte Subjekte unter Entscheidungs- und Aktionszwang setzt, weil sie eine Bedrohung von Zielen darstellt, die für diese Akteure unaufgebbar sind. Ein weiteres Merkmal des entscheidungstheoretisch konzi-

pierten Krisenbegriffs ist der Zeitdruck. ‚Krise ist ein Entscheidungsprozeß unter Zeitdruck' (Karl Deutsch)" (Jänicke 1973, 33, vgl. auch: Vierhaus, in: Jordan 2002, 193–197).

Das ungewisse Nichtwissen erschwert die Lösung einer Krise, für die es eben d i e Lösung nicht gibt. Da Krisen immer ein offener Prozess sind, mit einer Art Janusgesicht, dem römischen Gott des Anfangs und des Endes, gibt es immer mehrere Möglichkeiten, Krisen zu bewältigen. Krisen offenbaren einen Zustand, der auf Veränderungen zielt. Individuelle Krisen sind niemals rückwärtsgewandt, sondern deuten in ihrem Prozess auf Zukünftiges hin. Selbst wenn eine Revolution durch eine Konterrevolution niedergeschlagen wird, ist der gesellschaftliche Zustand danach ein anderer.

Krisenbewältigung ist auch deshalb besonders kompliziert, weil es meist keine monokausale Erklärung für den Ausbruch einer Krise zu einer bestimmten Zeit gibt.

An drei Beispielen wollen wir noch den Krisenbegriff in gebotener Kürze illustrieren: Karl Marx (1818–1883), Jacob Burckhardt (1818–1897), Paul Valéry (1871–1945) (vgl. Böttcher, 2014, 387 ff., 377 ff., 480 ff.).

Bei Marx waren Krise und Überproduktion zwei Seiten derselben Medaille. Für ihn entstanden Krisen durch eine massive Gleichgewichtsstörung von Produktion und Konsumption. Er ging von der These aus, dass im Kapitalismus ein Gleichgewicht nicht möglich sei, von daher in kapitalistischen Gesellschaften eine Krise die nächste ablöse. Erst die Aufhebung (im Hegelschen Sinne) der kapitalistischen Gesellschaft im Kommunismus könne wieder ein stabiles Gleichgewicht herstellen.

> „Der letzte Grund aller wirklichen Krisen bleibt immer die Armut der Konsumptionsbeschränkung der Massen gegenüber dem Trieb der kapitalistischen Produktion, die Produktionskräfte so zu entwickeln, als ob nur die absolute Konsumptionsfähigkeit der Gesellschaft ihre Grenze bilde“ (MEW 1970, Bd. 25, 501, vgl. auch MEW 1971, Bd. 24, 318, Anmerkung, MEW 1972, Bd. 4, 466 ff., Starn 1973, 55 f., auch: Böttcher,2014, 387 ff.).

„Überproduktionskrisen“ sind zunächst ökonomische Krisen, die jedoch mit zunehmender Verschärfung alle Gesellschaftsbereiche befallen.

Während Marx sein Krisenszenario als Auseinandersetzung zwischen Klassen entfaltet, untersucht Jacob Burckhardt in seinen „Weltgeschichtlichen Betrachtungen“ Krisen als Ursache für eine notwendige Weiterentwicklung der Gesellschaft. Ohne Krisen gibt es keinen gesellschaftlichen Wandel. Krisen, in denen „die politische und soziale Grundlage nie erschüttert wird“ (WB 1941, 260), können nicht als echte Krisen angesehen werden. Als „wahre Krise“ sieht er die Völkerwanderung, eine „Verschmelzung einer neuen materiellen Kraft mit einer alten, welche aber in einer geistigen Metamorphose, aus einem Staat zu einer Kirche geworden, weiterlebt“ (ibid., 261).

Grundsätzlich sind Krisen etwas Positives. Mit „Leidenschaft“ werden „ungeahnte Kräfte“ freigesetzt, „die etwas Neues und nicht nur das Umstürzen des Alten“ wollen (ibid., 288).

Selbst den Krieg als Urkatastrophenkrise sieht Burckhardt, anknüpfend an Heraklit (535–475), nicht nur negativ. Es sind wohl im Wesentlichen vier Gedanken Heraklits, an die Burckhardt anknüpft: „Alles Geschehen erfolge infolge eines Gegensatzes. […]. Das Widerstrebende vereinige sich und aus den entgegengesetzten (Tönen) entstehe die schönste Harmonie, und alles Geschehen erfolge auf dem Wege des Streites. […] Kampf ist der Vater von allem, der König von allem; […] Man muss wissen, daß der Kampf das Gemeinsame ist und das Recht der Streit und daß alles Geschehen vermittels des Streites und der Notwendigkeit erfolgt" (Herakleitos in: Capelle 1963, 133 ff.).

Allerdings „müsste es womöglich ein gerechter und ehrenvoller Krieg sein, etwa ein Verteidigungskrieg, […]" (WB 1941, 255).

Da sich die „geistigen Entwicklungen" nicht kontinuierlich, vielmehr „sprung- und stoßweise" äußern, ist eine Krise „ein neuer Entwicklungsknoten, der aufgelöst werden muss. Dies gilt sowohl für die Entwicklung des Individuums" als auch für die gesamte Gesellschaft.

> „Die Krisen räumen auf: zunächst mit einer Menge von Lebensformen, aus welchen das Leben längst entwichen war, und welche sonst mit ihrem historischen Recht nicht aus der Welt wären wegzubringen gewesen. […] Die Krisen beseitigen auch die ganz unverhältnismäßig angewachsene Scheu vor ‚Störung' und bringen frische und mächtige Individuen empor" (ibid., 289, vgl. auch: Böttcher, 2014, 377 ff.).

Ganz unter dem Eindruck des Ersten Weltkrieges, der dem „kleine(n) alte(n) Kontinent" nichts als „Elend, Zerstörung und Tod" gebracht hat, der die europäische Kultur im „Innersten getroffen" hat, in dem die gesamte Zivilisation „ihren eigenen Ruin" erzeugt hat, unter diesem Eindruck erläutert Paul Valéry sein Krisenverständnis (vgl. Valéry 1995, 531).

> „Krise ist der Übergang von einer bestimmten Ordnung des Verdichtens zu einer anderen; ein Übergang, der an gewissen Zeichen und Symptomen spürbar wird. Während einer Krise scheint die Zeit ihr Wesen zu verändern; die Zeitdauer wird auf andere Weise wahrgenommen als beim normalen Stand der Dinge; statt den Beharrungszustand zu messen, mißt sie die Veränderung. Voraussetzung jeder Krise ist die Intervention neuer ‚Ursachen', die ein labiles oder stabiles Gleichgewicht, das vor dem Bestand, erschüttern" (ibid., 55).

Allen in diesem Buch ausgewählten Krisen ist gemeinsam die Frage, was die Krise für den gesellschaftlichen Zusammenhalt nach der Krise bedeutet. Die Zeit danach wird nicht zuletzt dadurch bestimmt, in welcher Art und Form die Krisenmanager auf der einen Seite miteinander umgehen und die von der Krise unmittelbar Betroffenen die zwangsläufigen Einschränkungen akzeptieren. Jede Krise ist in ihren Anforderungen an die Menschen mehrdimensional: biologisch, sozial, kulturell, rechtlich, ökonomisch, politisch u. a. Natürlich müssen nicht alle Variablen bei allen Krisen gleichzeitig auftreten. Je mehr Variablen, desto schwieriger die Bewältigung.

Fazit in Thesen:

- Krisen sind normale, historische mehrdimensionale Erscheinungen, die für die Herbeiführung eines gesellschaftlichen Wandels notwendig sind.
- Krisen signalisieren frühzeitig Symptome des Übergangs von einem gesellschaftlichen Aggregatzustand in einen anderen.
- Krisen erschüttern mehr oder weniger, je nach Intensität, Verlauf und Krisenmanagement die ökonomischen, sozialen und politischen, manchmal auch die kulturellen Grundlagen einer Gesellschaft.
- Krisen sind ein offener Prozess mit Alternativen, erzeugen einen Entscheidungsdruck auf die handelnden Akteure und haben einen ungewissen Ausgang.
- Nach der Bewältigung einer Krise ist der Rückfall in den alten Zustand nicht möglich, d. h. jede Krise verändert den jeweils gegenwärtigen Zustand in jedem Fall und eröffnet somit Zukunft.

2 Das Krisenjahrzehnt

2.1 Der Beginn

Das Krisenjahrzehnt 2010 bis 2020 begann eigentlich schon im Jahr 2008 mit dem Zusammenbruch der US-amerikanischen Investmentbank Lehman Brothers. Zwar löste dies eine weltweite Finanzkrise aus, jedoch war sie nur ein Symptom für tieferliegende Ursachen. Seit dem Untergang der Sowjetunion 1990 befindet sich die Welt in einer neuen Realität. Das atomare Patt, das eine Koexistenz der Systeme garantierte, verlor seine Wirkung. Die Welt wurde multipolar. Der kapitalistische Westen glaubte, sein System werde sich nun weltweit endgültig durchsetzen. Welch ein Irrglaube.

Auf drei der tieferliegenden Ursachen, die heute die Menschen verunsichern, werde ich kurz eingehen: die Globalisierung, den Kapitalismus und die Vertrauenskrise der Bürger*innen.

Der globale Weltmarkt, die Gier Profitmaximierung schränken mehr und mehr politisches Handeln ein. Die „Ideologie der Weltmarktherrschaft" blendet außer der ökonomischen Dimension weitgehend andere Dimensionen aus, wie etwa die ökologische, kulturelle, soziale, zivilgesellschaftliche und politische. In einer global vernetzten Welt lässt sich das Hauptziel am besten optimieren, wenn „Staat, Gesellschaft, Kultur und Außenpolitik wie ein Unternehmen geführt werden. Es handelt sich in diesem Sinne um einen Imperialismus des Ökonomischen […]" (Beck/Lange, 7).

Die Globalisierung lebt von einer offenen Weltgesellschaft. „Geschlossene Räume“ sind nur noch eine Fiktion. Alles, was sich in der Welt abspielt, selbst anscheinend nur örtliche Vorgänge, betreffen in gewisser Weise die ganze Welt. „Globalität so verstanden, kennzeichnet die neue Lage der ‚Zweiten Moderne‘. Dieser Begriff bündelt damit zugleich elementare Gründe dafür, warum die Standardantworten der ‚Ersten‘ für die ‚Zweite Moderne‘ untauglich und widersprüchlich werden. Politik muss für die ‚Zweite Moderne‘ neu begründet und neu erfunden werden“ (ibid., 8).

In der ‚Ersten Moderne‘ konnten noch Räume, nämlich Nationalstaaten mit ihren Nationalgesellschaften, ökonomischem und anderem Handeln, „Macht- und Konkurrenzverhältnisse“ zugeordnet werden. Die ‚Zweite Moderne‘, damit die Globalisierung, ist gekennzeichnet durch Grenzenlosigkeit auf der einen sowie durch Dichte und Stabilität von Beziehungsgeflechten, zwischen einer schier unübersehbaren Anzahl von Akteuren auf der anderen Seite. So haben wir es nicht nur mit 193 mehr oder weniger selbstständigen Staaten zu tun, sondern auch mit 45 000 NGOs weltweit (vgl. Megrew, 17). Globalisierung bezieht sich somit auf eine „Weltgesellschaft ohne Weltstaat und Weltregierung“ (Beck/Lange, 8).

Nach Beendigung des Dreißigjährigen Krieges und mit dem Frieden von Münster und Osnabrück, dem Westfälischen Frieden 1648, hat das Moderne Staatensystem begonnen. Dieses System beruht auf den Grundsätzen der Territorialität, der Souveränität und der Unabhängigkeit nach Innen. Dieses mehr oder weniger gut funktionierende internationale System befindet sich spätestens seit 1990 in einer neuen Phase der Transformation.

Anthony Megrew setzt den Beginn der ersten von drei Wellen der Globalisierung 200 Jahre vor dem Westfälischen Frieden an. Hierüber besteht in der Literatur ein weitgehender Konsens. Mit der 2. Hälfte des 15. Jahrhunderts beginnt also danach die Moderne.

„In the first wave, the age of discovery (1450–1850), globalization was obsessively shaped by European expansion and conquest. The second wave (1850–1945) evidenced a major expansion in the spread and entrenchment of European empire. By comparison, contemporary globalization (1960 on) marks a new epoch in human affairs. Just as the industrial revolution and the expansion of the West in the nineteenth century defined a new age in the world history, so today the microship and the satellite are icons of a globalized world order" (Megrew 2008, 22).

Einen neuen Schub hat die Globalisierungswelle mit dem Zusammenbruch der Sowjetunion und dem unaufhaltsamen Aufstieg Chinas erfahren. Seit 1990 befinden wir uns in einer vierten Welle der Globalisierung.

Seit den 1980er-Jahren findet eine zunehmende „Entstofflichung" der Märkte statt. Die elektronische Kommunikation hat fundamental die Art und Weise geändert, wie Staaten, Märkte und Individuen weltweit miteinander umgehen. Jedes lokale Ereignis in einem Teil der Welt ist unmittelbar in dem anderen Teil verfügbar. Man kann also von einer exponentiellen Beschleunigung der Globalisierung sprechen. Von daher ist sie weder planbar noch gestaltbar noch beherrschbar. Dies betrifft zunehmend vor allem den Finanz- und Dienstleistungssektor. Beide Sektoren machen sich immer stärker unabhängig von der realen Warenwelt. Am Devisenmarkt kann man besonders gut diese zunehmende Beschleunigung bei gleichzeitig fehlender Kontrolle demonstrieren.

> „Seit den achtziger Jahren hat sich das Finanzwesen entlang einer ganz anderen Wachstumsphase entwickelt als andere globalisierte Sektoren, die ebenfalls immens angewachsen sind. Seit 1980 ist der Gesamtbestand der finanziellen Akten dreimal schneller gewachsen als das gesamte Bruttoinlandsprodukt der 23 hochentwickelten Länder, aus denen sich während dieser Zeit die OECD hauptsächlich zusammensetzte; das Volumen des Handels mit Devisen, Wertpapieren und Aktien ist ungefähr fünfmal schneller gewachsen und übertrifft das gesamte BIP jetzt bei Weitem. [...]. Der Wert der jährlichen Devisengeschäfte betrug 1983 das Zehnfache des gesamten Welthandels, 2004 aber war er das Siebzigfache, wobei auch der Welthandel über diesen Zeitraum stark gewachsen war. Im Jahr 2001 betrug der durchschnittliche Tagesumsatz der Devisenmärkte 1,3 Billionen [Dollar], 2004 waren es 1,8 Billionen, das macht beinahe ein Fünftel des Wertes des Welthandels für das gesamte Jahr 2003 aus“ (Sassen 2008, 404 f.).

Diese Entwicklung setzt sich seitdem ungebremst fort, 2007 waren es bereits 3,3 Billionen, 2010 ca. 3,9 Billionen, 2013 ca. 5,3 Billionen (vgl. Statista 2014). Im Jahr 2010 betrug der tägliche Devisenhandel bereits mehr als 25 Prozent des jährlichen Welthandels.

Auf die sogenannte „Entstofflichung“ der Märkte können die einzelnen Nationalstaaten keinen, internationale Zusammenschlüsse wie die Europäische Union nur bedingt Einfluss nehmen.

> „Im Hinblick auf die Zähmung des wildgewordenen Finanzkapitalismus kann sich niemand über den majoritären Willen der Bevölkerung täuschen. Zum ersten Mal in der Geschichte des Kapitalismus konnte im Herbst 2008 das Rückgrat des finanzmarktgetriebenen Weltwirtschaftssystems nur noch mit Garantien von Steuerzahlern vor dem Zusammenbruch gerettet werden. Und diese Tatsache, dass sich der Kapitalismus nicht mehr aus eigener Kraft reproduzieren kann, hat sich seitdem im Bewusstsein von Staatsbürgern festgesetzt, die als Steuerbürger für das ‚Systemversagen‘ haften müssen“ (Habermas 2011, 117).

Die europäische Währungsunion war schon bei ihrer Gründung im Maastrichter Vertrag (1992) mit einem „Geburtsfehler“ behaftet. Damals waren die Experten in ihrer Beurteilung gespalten. Die Befürworter des heute existierenden Systems glaubten, mit Hilfe einer einheitlichen Währung auch eine politische Einigung zu erreichen. Sie vertraten dies, obwohl es historisch kein Beispiel gibt, das diese Auffassung hätte bestätigen können.

Die zweite Gruppe war dagegen der Meinung, nur eine vorher erreichte politische Union rechtfertige als „Krönung“ eine gemeinsame Währung. Wie es aussieht, hat – zumindest bis heute – diese zweite Gruppe Recht behalten. Weitgehend einig sind sich die Experten in der Begründung für diese Krise.

Den Herausforderungen der heutigen Zeit sind die Nationalstaaten nicht mehr gewachsen. Die Märkte sind globalisiert, schnell in ihren weltweiten Reaktionen, die Staaten sind nach wie vor nationalisiert, schwerfällig in ihren Reaktionen, oft auch starr und gelähmt. In Zeiten, als der Euro noch zu funktionieren schien, hat die Eurozone verabsäumt, eine gemeinschaftliche Budgetplanung, eine einheitliche Finanz- und Steuerverwaltung und europäische Obligationen einzurichten.

Bevor man die Finanz- und Steuerunion in Angriff nimmt – sie geht mit erheblichem Souveränitätsverlust einher – muss zunächst einmal die Schuldenproblematik ins Zentrum der Entscheidungen rücken. Die Probleme der Altschulden, der Vergemeinschaftung der Schulden und einheitlicher Regeln für die Aufnahme von neuen Schulden müssen gelöst werden.

Die Forderung, insbesondere von Deutschland, zunächst müsse Ordnung in den einzelnen Nationalstaaten zu Hause geschaffen werden, um davon Solidarität abhängig machen zu können, führt zu mehr Renationalisierung als zu mehr Gemeinschaft. Hätte man zu Beginn der Krise, als Griechenland von den Ratingagenturen herabgestuft wurde, Solidarität mit Griechenland geübt, wäre die Bewältigung der Krise sehr viel billiger geworden. Aber so weitsichtig waren die Staats- und Regierungschefs nicht, gemeinsam für die griechischen Anleihen gerade zu stehen. In diesem Punkt ist Deutschland besonders seiner Verantwortung als größte Volkswirtschaft Europas nicht gerecht geworden (vgl. Cohn-Bendit/Verhofstadt 2012, insbes. 88 ff., zur Staatsschuldenkrise ausführlich: Welfens 2012, Berlin).

Dramatischer noch als die Finanzkrise ist die mit ihr einhergehende Vertrauenskrise der Bürgerinnen und Bürger.

> „Aber all die leidvolle Erfahrung, die wir heute mit unserer Währung machen, diese Krise, die enormen Kosten, die Vernichtung von Lebensqualität von Millionen, die Vernichtung von Chancen, die Vernichtung von Planungssicherheit (Einkommen, Pensionen), die Vernichtung von sozialen Netzen, all das haben wir, hat die davon betroffene Mehrheit der Menschen den von ihnen gewählten Repräsentanten ihrer nationalen Interessen im Europäischen Rat zu verdanken" (Menasse 2012, 54).

Die vielen Krisen der europäischen Integrationsversuche (z. B. die gescheiterte EVG 1954, der leere Stuhl 1966, die Eurosklerose ab 1970) haben eine gemeinsame Erkenntnis gebracht. Sie zeigen ein Krisenmanagement der politischen Akteure, das immer wieder kurzfristig Krisen regelt, aber nicht die Ursachen beseitigt, sie somit also nicht löst. Eine Krisenlösung ist nur durch einen Systemwechsel zu erreichen. Dafür müssen wir jedoch die Frage beantworten, in welchem Europa wir leben wollen. Hierfür reicht nicht der Formelkompromiss, der seit fast 60 Jahren lautet: „den Prozess der Schaffung einer immer engeren Union der Völker Europas, […], weiterzuführen" (EUV, Präambel). Auf die Formel – Entschlossen, eine Föderation der Völker Europas zu schaffen – konnte man sich nicht einigen.

Auf diese Fragen komme wir im zweiten Teil des Buches zurück und schlagen einen grundsätzlichen Systemwechsel vor. Wir denken, Europa muss sich ein Wort von Friedrich Nietzsche (1844–1900) (leicht abgewandelt) zu eigen machen:

„Die Zeit für kleine Politik ist vorbei", es gilt der „Zwang zur großen Politik" (Nietzsche 1953, Bd. 2, 672).

2.2 Die Flüchtlingskrise

Vorbemerkung

> „Wir haben unser Zuhause und damit die Vertrautheit des Alltags verloren. Wir haben unseren Beruf verloren und damit das Vertrauen eingebüßt, in dieser Welt irgendwie von Nutzen zu sein. Wir haben unsere Sprache verloren und mit ihr die Natürlichkeit unserer Reaktionen, die Einfachheit unserer Gebärden und die Ungezwungenheit unserer Gefühle. Wir haben unsere Verwandten in den polnischen Ghettos zurückgelassen, unsere besten Freunde sind in den Konzentrationslagern umgebracht worden, und dies bedeutet den Zusammenbruch unserer privaten Welt" (Arendt, 2018, 10 f.).

Mit solch eindrucksvollen, zeitlosen Worten beschreibt Hannah Arendt die Verzweiflung, die jeder Flüchtling fühlt, wenn er gezwungen wird, seine Heimat zu verlassen, aus welchen Gründen auch immer. Und uns, die wir zufällig in einer besseren Welt leben dürfen, fehlen die Antworten auf das „Massenphänomen der Gegenwart", die Flüchtlingskrise.

Die Rechtslage

Migration gibt es, seit der Mensch sich aufgemacht hat, Räume zu besiedeln. Von Anbeginn, als der Homo Sapiens vor ca. 400 000 Jahren vom Süden in den Norden einwanderte, war Migration ein fester Bestandteil unserer Lebensweise. Flüchtlinge, wie wir sie heute verstehen, können wir in relevantem Ausmaße erstmals nach der Zeit der konfessionellen Auseinandersetzungen im Frankreich des 16./17. Jahrhunderts ausmachen.

Heinrich IV. (1553–1610) zog im Edikt von Nantes (1598) einen Schlussstrich unter die Religionsstreitigkeiten. Die calvinistischen Protestanten erhielten mit der Religionsfreiheit die vollen Bürgerrechte. Fast hundert Jahre später, 1685, widerrief Ludwig XIV. (1638–1715) das Edikt. Damit beraubte er die französischen Protestanten sämtlicher religiöser und bürgerlicher Rechte und löste eine Massenflucht der sogenannten Hugenotten aus (vgl. Ploetz, 2008, 762, 998 f., 1004).

Bis zum 19. Jahrhundert bezog sich das Wort „Flüchtling" wesentlich auf die Hugenotten. In Deutschland gab es im 19. Jahrhundert das Wort „Flüchtling" als eigenständigen Begriff nicht. Herders Staatslexikon von 1889 verweist unter dem Begriff „Flüchtling" auf „Auslieferung". Auch die „Encyclopaedia Britannica" von 1910 kennt das Wort „refugee" nicht als selbstständigen Terminus. Beide Lexika beschäftigen sich mit dem Asylrecht, indem sie bis auf das Altertum zurückverweisen. „Schon im Altertum galten die heiligen Stätten als Zufluchtsorte für Verfolgte und Schutzsuchende (Staatslexikon, 1889, 515). Allerdings: „Das Asylrecht ist in seiner historischen wie rechtstechnischen Ausgestaltung nicht etwa ein Recht der Flüchtlinge auf Aufenthalt im fremden Staate, sondern ein Recht des Staates, ihn bedingungsweise zu dulden" (ibid., 518).

Das 20. Jahrhundert war dasjenige der Massenvertreibung und der Flüchtlingsströme. Es begann mit der Bildung von zusätzlich 20 neuen Staaten nach dem Ersten Weltkrieg. Völker wurden auseinandergerissen, Minderheiten willkürlich geschaffen und Massenflucht ausgelöst. Dies setzte sich nach dem Zweiten Weltkrieg nahtlos fort. Allein die Bundesrepublik Deutschland hat zwischen 1945 und 1988 vierzehn Millionen Flüchtlinge aufgenommen (vgl. Sassen, 1996, 99 ff.).

Das wichtigste internationale Abkommen über Aufnahme, Behandlung und Rechtsstellung der Flüchtlinge ist die Konvention von 1951 und das Protokoll von 1967 (vgl. UNHCR, 1951/1967).

Schon die Präambel hebt hervor, dass auch für Flüchtlinge die Menschenrechte und Grundfreiheiten gelten, dass alle Staaten den sozialen und humanitären Charakter des Flüchtlingsproblems anerkennen und dass dadurch zwischenstaatliche Spannungen vermieden werden.

Nach dieser Konvention wird als Flüchtlinge eine Gruppe anerkannt, die „aus begründeter Furcht vor Verfolgung wegen ihrer Rasse, Religion, Nationalität, Zugehörigkeit zu einer bestimmten sozialen Gruppe oder wegen ihrer politischen Überzeugung sich außerhalb des Landes befindet, dessen Staatsangehörigkeit sie besitzt und den Schutz dieses Landes nicht in Anspruch nehmen kann oder wegen dieser Befürchtungen nicht in Anspruch nehmen will; oder die sich als staatenlose infolge solcher Ereignisse außerhalb des Landes befindet, in welchem sie ihren gewöhnlichen Aufenthalt hatte, und nicht dorthin zurückkehren kann oder wegen der erwähnten Befürchtungen nicht dorthin zurückkehren will“ (ibid., 2).

Dieser Konvention und/oder dem Protokoll sind 145 Staaten beigetreten.

Die Allgemeine Erklärung der Menschenrechte vom 10. Dezember 1948, als das weitere wichtige Dokument, garantiert jedem Menschen das Recht auf Freizügigkeit und die freie Wahl des Wohnsitzes innerhalb eines Staates (Art. 13). Das Recht auf

Asyl und Schutz in anderen Ländern zu suchen, legt Artikel 14 fest. Auch hat jeder Mensch das Recht auf eine eigene Staatszugehörigkeit, die ihm nicht willkürlich entzogen werden darf. Eingeschlossen ist hier die Möglichkeit, seine Staatsangehörigkeit zu wechseln (vgl. Musulin, 1962, 150 ff.).

Das in unserem Zusammenhang besonders wichtige Dokument ist das Dublin-Abkommen von 1997, geändert 2013, das die Flüchtlingspolitik der Europäischen Union regelt, insbesondere das Asylverfahren. Ohne auf die Einzelheiten einzugehen, interessiert hier vor allem, in welchem Land Einreisende in die Europäische Union ihren Asylantrag stellen dürfen. Drittstaatsangehörige oder Staatenlose müssen dort ihren Antrag stellen, wo sie erstmalig den Boden eines EU-Landes betreten. Das ist die Regel für ein geordnetes Verfahren. Zwar regelt der Artikel 13, Absatz 1 der Verordnung 604/2013 des Europäischen Parlaments, Dublin III, die Zuständigkeit der Mitgliedstaaten bei illegalem Grenzübertritt, scheitert allerdings, wenn es zu einer Massenbewegung von Flüchtlingen nach Europa kommt. Aber nicht nur für die größte Massenbewegung seit derjenigen nach dem Zweiten Weltkrieg im Jahr 2015 ist die Regelung in diesem Artikel ungeeignet. Auch versagt er bei der Einhaltung der völkerrechtlichen Verpflichtung der Europäischen Union gegenüber den Schutzsuchenden, die über das Mittelmeer nach Griechenland oder Italien flüchten.

Nicht der Wortlaut des Artikels 13 versagt, sondern das unsolidarische Verhalten einiger Mitgliedstaaten, sich an einer gerechten Verteilung der Flüchtlinge in der Europäischen Union zu beteiligen, wie Ungarn, Polen, Bulgarien und Rumänien.

Das bedrohlich Fremde

Im Dritten Definitivartikel zum ewigen Frieden formuliert Immanuel Kant (1724–1804):

> „Das Weltbürgerrecht soll auf Bedingungen der allgemeinen H o s p i t a l i t ä t eingeschränkt sein".

> „Es ist hier, wie in dem vorigen Artikel, nicht von Philanthropie, sondern vom Recht die Rede, und da bedeutet Hospitalität (Wirtbarkeit) das Recht eines Fremdlings, seiner Ankunft auf dem Boden eines anderen wegen von diesem nicht feindselig behandelt zu werden" (Kant, 1794/2013, 21).

Kant verweist darauf, dass der Fremde keinen Anspruch auf ein Gastrecht hat, wohl aber auf ein Besuchsrecht, „welches allen Menschen zusteht", solange sie sich friedlich verhalten.

Von einem „Weltbürgerrecht" sind wir fast 220 Jahre nach Kants Tode weit entfernt.

Tagtäglich werden wir konfrontiert mit bei uns schutzsuchenden Menschen, die durch Krieg oder Hunger gezwungen sind, ihre Heimat zu verlassen.

Bei vielen Menschen – nicht nur in Europa – lösen die Fremdlinge Angst aus. Hierfür können viele Gründe angeführt werden. Zunächst ist die Angst tief eingeprägt in die menschliche Psyche. Alles, was einem fremd ist, verunsichert einen, macht einen vorsichtig. Fremdheit verbindet man mit Gefahr.

> „Fremde lösen gerade deshalb Ängste aus, weil sie ‚fremd' sind – also auf furchterregende Weise unberechenbar und

damit anders als die Menschen sind, mit denen wir täglich zu tun haben und von denen wir zu wissen glauben, was wir von ihnen erwarten können. Nach allem, was wir wissen, könnte der massive Zustrom von Fremden Dinge zerstören, die uns lieb sind, und unser tröstlich vertrautes Leben verstümmeln oder gänzlich auslöschen" (Bauman, 2016, 12).

Zygmunt Bauman schreibt in diesem Zusammenhang von einer „Mixophobie", einem Angstgemisch von nicht beherrschbarem Ausmaß an Unbekanntem, nicht zu Bändigendem, Beunruhigendem und Unkontrollierbarem (vgl. ibid., 14 f.).

Alle unsere Vorurteile laden wir auf Flüchtlinge ab. Sie schleppen tödliche Krankheiten ein. Sie wollen unser Sozialsystem ausnutzen und werden als „Sozialschmarotzer" diffamiert. Sie kommen in der Absicht, Europa zu islamisieren, und viele stehen im Dienste des Islamischen Staates.

Wenn bei dem einen oder anderen diese persönlichen Ängste noch nachvollziehbar sind, so ist es vollkommen unerträglich, in welcher Weise Politiker diese individuellen Ängste für ihre Interessen instrumentalisieren. Geradezu epidemisch breitet sich europaweit ein Schüren des Fremdenhasses durch rechtsextreme Parteien aus. In einigen Ländern ist diese Phobie schon auf Regierungsebene – wie zum Beispiel in Ungarn und Polen – angekommen. Aber kein Land in der Europäischen Union ist frei von dem Virus des Rassismus und des Rechtsextremismus. Dies gefährdet unsere demokratische Gesellschaftsordnung. Man hat die Befürchtung, die Demokratie, wie wir sie in Europa und anderen Teilen der Welt nach 1945 gelernt haben, befinde sich nicht nur in der Defensive, sondern gar auf dem Rückzug.

Diese Verunsicherung, die zunehmende Orientierungslosigkeit ist zwar nicht vorrangig der Flüchtlingskrise geschuldet, ist aber das Medium für die Populisten, diese zu verstärken.

Was kann man dem entgegensetzen? Als oberster Grundsatz einer Gesellschaft, die Fremde aufnimmt – Abschottung ist nicht möglich – muss gelten: Die Aufnahme von Fremden mit ihren andersartigen Kulturerfahrungen bereichert die aufnehmende Gesellschaft. Dieser Grundsatz widerspricht jeder Assimilation, die nach wie vor von Teilen der aufnehmenden Gesellschaft als geeignetes Mittel gesehen wird, die Ankommenden aufzunehmen.

Assimilation bedeutet „ähnlich machen". Die Fremden müssen werden, wie wir selbst sind. Sie müssen sich verwandeln durch Anpassung. Es ist keine selbst gestaltete Wandlung, sondern eine durch Zwang. Der Ansatz der Assimilation geht von einer Hierarchie der Werte und Lebensformen aus, wobei sich die eine Lebensform der Leitform des Aufnahmelandes unterzuordnen hat.

„Assimilation ist, anders als Austausch und Mischung von Kulturen allgemein, ein typisch modernes Phänomen. Sie erhält ihren Charakter und ihre Bedeutung durch die moderne Nationalisierung des Staates, d. h. dessen Bestreben nach kultureller und ideologischer Vereinheitlichung der Bevölkerung, die das Territorium seines Zuständigkeitsbereichs bewohnt" (Bauman, 1998, 41).

Grundlage der Ideologie ist die Homogenität einer Gesellschaft und deren Leitkultur.

Eine geordnete Integration gelingt nur, wenn von der Gleichwertigkeit des Eigenen und des Fremden ausgegangen wird. Die

Partikularinteressen der neu Ankommenden sollen mit ihrem berechtigten Anspruch berücksichtigt werden wie die Partikularinteressen der bereits in der aufnehmenden Gesellschaft Beheimateten. Von denjenigen, die in unsere Gemeinschaft aufgenommen werden wollen, verlangen wir nicht mehr und nicht weniger als das, was wir auch von den Einheimischen fordern, die Beherrschung der Landessprache, die Respektierung der Landesverfassung und der Gesetze und Loyalität dem Staat mit seinen Institutionen gegenüber. Letzteres nicht blind, sondern kritisch konstruktiv" (vgl. Ramadan, 209, 123).

Wenn wir nicht die Moral und die Verpflichtung gegenüber den europäischen Werten als hinreichenden Grund anerkennen, verzweifelte Schutzsuchende aufzunehmen, die vor Krieg und Hunger flüchten, so müssten uns ökonomische Gründe überzeugen.

Zur Zeit leben in der Bundesrepublik ca. 17 Millionen Menschen mit Migrationshintergrund. Sie tragen zu einem nicht unerheblichen Teil zu unserem Wohlstand bei. Nur etwa 200 000 davon leben in den neuen Bundesländern. Warum aber gerade dort die Ablehnung viel größer ist als in den alten Bundesländern, ist ein Rätsel.

Der Anteil der 60-Jährigen in Europa nimmt pro Jahr um zwei Millionen Menschen zu, gleichzeitig sinkt die Zahl der Arbeitenden um eine Million. Wir können unsere Stärke nur halten, wenn wir uns den Einflüssen von außen öffnen (vgl. SZ, 2016, Nr. 94).

„Von einer erfolgreichen Integration hängt deshalb nicht nur das Wohl der Flüchtlinge, sondern auch unser Wohlstand ab" (ibid.).

Ein wertebasierter Akt

In der Nacht vom 4. auf den 5. September 2015 entschied die deutsche Bundeskanzlerin, etwa einer Million in Ungarn gestrandeter Flüchtlinge die Einreise nach Deutschland zu erlauben. Dies war ein Akt der Nächstenliebe, der Menschlichkeit, eine praktische Solidarität. Es war das Gegenteil von feierlichen Sonntagsreden mit dem Hinweis auf die unverbrüchlichen europäischen Werte. Es war keine Rhetorik, sondern gelebte Handlung. Sie zeigte der Welt ein Bild vom anständigen Deutschland. Ohne ihre Motive im einzelnen zu kennen, entsprachen sie zentralen europäischen Werten – Freiheit, Gleichheit, Brüderlichkeit (Solidarität) –, Werte, die auch mehr als 230 Jahre nach der französischen Revolution nichts an Aktualität eingebüßt haben.

Ohne Befreiung von physischer und psychischer Not ist Freiheit nicht möglich. Mit der Entscheidung, Menschen, die vor Krieg und Hunger sich auf den Weg nach Europa gemacht haben, eine Lebensperspektive zu eröffnen, befreite sie diese. Aber zwangsläufig war diese Befreiung von Not nicht gleichbedeutend mit Freiheit. Diese wird erst dann erreicht, wenn den Flüchtlingen eine Teilhabe an unserem täglichen Leben gewährt wird, also eine Integration gelungen ist. Die Öffnung der Grenze war ein humaner Akt, Ausdruck einer Verpflichtung im Sinne des in Jahrhunderten erkämpften Wertes Freiheit.

Ohne jedoch den zweiten Wert europäischer Bewusstwerdung, die Gleichheit, bleibt die Freiheit ein Torso. Die Bundeskanzlerin konnte den Flüchtlingen ein Stück Freiheit gewähren. Um Gleichheit herbeizuführen, bedurfte es allerdings eines gesamtgesellschaftlichen Bündnisses. Dieses war und ist aber nicht in Sicht.

> „Wo immer man Männer, Frauen und Kinder findet, seien sie alt oder jung, reich oder arm, hochstehend oder niederen Rangs, (...), unwissend oder gebildet, stellt man fest, dass jeder Einzelne von dem starken Wunsch bestimmt wird, von den Menschen ringsum und in seinem Bekanntenkreis gesehen, gehört, angesprochen, anerkannt und respektiert zu werden" (John Adams zit. b. Arendt, 2018, 21).

Diesen Respekt, der den Flüchtlingen als Mitmenschen entgegengebracht werden sollte, konnte Frau Merkel nicht erzwingen. Offenbar glaubte sie das, sonst hätte sie ihren berühmten, Kontroversen auslösenden Satz – „Wir schaffen das!" – so nicht formuliert.

Nach den Willkommensbekundungen von Teilen der deutschen Bevölkerung bei der Ankunft der Schutzsuchenden hat man etwas anderes erwartet, als es dann gekommen ist. Die Gegenangriffe wurden hochgeputscht durch die AfD, die den Menschen vorgaukelt, es könne so etwas geben wie die Reinheit des Volkes, die es zu bewahren gelte. Bis tief in das bürgerliche Lager hinein erzeugte dies Verunsicherung, Angst und schließlich massiven Widerstand gegen die Politik der Kanzlerin. Zunehmend wurde der öffentliche Diskurs vergiftet. Ihre eigene Partei ließ sie im Stich. Allein konnte sie es natürlich nicht schaffen. Gelungen wäre es nur mit einer gesellschaftlichen Mehrheit. Von einer notwendigen Anerkennung einer Quasi-Gleichheit zwischen Eigensein und Fremdsein gab es keine Spur. Wie oben schon erwähnt, kann aber nur dann Integration gelingen.

Als der Flüchtlingsstrom über das Mittelmeer nach Italien und besonders Griechenland zunahm, kam die Bundeskanzlerin immer stärker unter öffentlichen Druck, änderte ihr Verhalten und verriet durch den unsäglichen Deal mit dem türkischen Machthaber Erdoğan vom 18. auf den 19. März 2016 ihre eigene Großherzigkeit. Auch der Glaube, man könne dadurch die Erfolge der AfD in Grenzen halten, erwies sich als Irrglaube. Bei der Bundestagswahl 2013 scheiterte die AfD an der Fünfprozenthürde. 2017 zog sie mit 94 Abgeordneten in den deutschen Bundestag ein. Diesen Erfolg lastete man vornehmlich der Flüchtlingspolitik der Kanzlerin an.

Nach wie vor spaltet die Flüchtlingsproblematik die deutsche wie andere europäische Gesellschaften gleichermaßen. Bisher finden wir keine Mittel, diese Spaltung zu überwinden, da Staaten wie zum Beispiel Polen und Ungarn, denen selbst erhebliche europäische Solidarität widerfahren ist, sich unsolidarisch bis zur Sturheit verweigern. Deutschland verweigert sich ebenso mit dem Hinweis, es könne nur eine europäische Lösung geben. Würden einzelne Länder einen Sonderweg gehen, wäre dies ein Anreiz für Flüchtlinge, sich auf die Flucht zu begeben.

Obwohl klar ist, dass es selbst mittelfristig keine europäische Lösung geben wird, rechtfertigt man sich damit, keine Lösung zu suchen. Zudem ist es eine bequeme Ausrede.

Eine Lösung mit den Staaten der Willigen könnte die unerträglichen und menschenverachtenden Zustände in den sogenannten Hotspots und Internierungslagern in Griechenland und Libyen lindern. Tausende Gemeinden in Deutschland und andere den europäischen Werten verpflichtete Länder wären sicher bereit, je nach Größe und ökonomischer Potenz Patenschaften für Flüchtlinge zu übernehmen, um ihnen zu helfen, sich in das Bildungssystem, den Arbeitsmarkt und die jeweilige Gesellschaft zu integrieren. Gleichzeitig sollte die Mehrheitsgesellschaft das kulturelle Gut, das die Flüchtlinge mitbringen, als Bereicherung verstehen und respektieren. Hieraus könnte ein fruchtbarer Dialog erwachsen und am Ende den Blick öffnen für die „Schönheit der Andersartigkeit".

Hunderttausenden Ankommenden könnte auf diese Weise ein menschenwürdiger Neuanfang geboten werden.

Der Verrat an Europas Werten

> „Wir haben gesehen, dass die Hotspots in Wahrheit Haftzentren sind, die den Bewohnern die Freiheit nehmen und gegen zahlreiche Menschenrechte verstoßen, insbesondere das Recht auf Gesundheit, das Recht auf angemessene Unterkunft, das Recht auf Familie, das Verbot von Folter und anderen unmenschlichen Behandlungen, gegen das Recht auf Asyl und gegen jeden anderen Schutz, den das Völkerrecht verlangt" (Ziegler, 2020, 136).

Jean Ziegler, Professor für Soziologie in Genf und an der Pariser Sorbonne, von 2009 bis 2019 Vizepräsident des Beratenden Ausschusses des UN-Menschenrechtsrats, legte nach einem Besuch auf Lesbos eine erschütternde Anklageschrift europäischen Versagens in der Flüchtlingsfrage vor.

Anstatt konstruktiv nach Lösungen zu suchen, um die Frage zu beantworten, wie viele Flüchtlinge wir bei einer Bevölkerungszahl von ca. 500 Millionen Europäern aufnehmen können, setzen unsere politischen Vertreter auf Abschottung, auf Verteidigung der Festung Europa.

Das Stichwort ist: Schutz der Außengrenzen. Dafür ist jedes Mittel recht, ob es ein vier Meter hoher Zaun in Ungarn 176 km entlang der serbischen Grenze ist, oder der NATO-Draht an der kroatischen Grenze, oder mit Mitteln der EU installierte Selbstschussanlagen an der Mauer, die den Nordwesten Syriens von der Türkei trennt.

Diese Selbstschussanlagen sind mit Maschinengewehren ausgestattet. Nähert sich jemand der Anlage auf 300 Meter, wird er oder sie in drei Sprachen aufgefordert, umzukehren. Geht der Mensch weiter, wird er durch automatisch ausgelöstes Feuer erschossen.

Die Gesamtaufwendungen für diese und andere „Grenztechnologien" beliefen sich 2019 auf 15 Milliarden Euro, 2022 werden es 29 Milliarden sein (vgl. Ziegler, 31).

Den effektivsten Schutz, Fremdlinge aus Europa fernzuhalten, verspricht sich die Europäische Union durch FRONTEX, die 2004 gegründete „Europäische Agentur für die Grenz- und Küstenwache".

Im Dezember 2015 beschließen die Staats- und Regierungschefs, FRONTEX mit mehr Befugnissen und finanziellen Mitteln auszustatten. Die mittelfristige Finanzplanung sieht bis 2027 eine Finanzierung von 34,9 Milliarden Euro vor. Die Hauptaufgabe der sogenannten Agentur ist die Durchführung von „Push-Back-Operationen", eine völkerrechtswidrige Aktion. An der Aufstockung der Mittel in den nächsten sieben Jahren kann man ablesen, welche Politik die EU in der Flüchtlingsfrage weiter verfolgt, nämlich Abschottung.

Die Richtlinie „Europäische Agenda für Migration", beschlossen vom Europäischen Parlament im Mai 2015, sieht vor, sogenannte Hotspots an den europäischen Außengrenzen einzurichten. In den fünf Hotspots der Ägäisinseln – Lesbos, Kos, Leros, Samos, Chios –, die für 6400 Personen vorgesehen sind, leben ca. 40 000 Menschen, zwei Drittel davon Frauen und Kinder. Leben ist ein vornehmer Ausdruck für vegetieren in einer Art von „Konzentrationslagern": keine angemessene Unterkunft – 18 Menschen hausen in einem Container und wechseln sich zum Schlafen im Schichtbetrieb ab; keine abschließbaren Toiletten; keine ausreichende medizinische Versorgung; fehlendes, oft verdorbenes Essen; Kinder spielen im Schlamm und im Abfall.

Damit Kinder in ihrem Hilfeschrei gehört werden, greifen sie zu außergewöhnlichen Mitteln. „Häufig sind die Körper der jungen Menschen mit Narben bedeckt. Meist handelt es sich um Selbstverstümmelungen. Mit Messern schneiden sich die Jugendlichen in ihre Unterarme und Waden" (Ziegler, 124).

Kinder laufen in ihrer Entwicklung rückwärts. Sie hören auf zu sprechen, zu spielen und zu essen. Sie beißen sich in ihre eigenen Arme, reißen sich die Haare aus. Immer mehr versuchen, sich umzubringen (vgl. Die Zeit, 18.12.2019).

Im Jahr 2019 jährte sich zum dreißigsten Mal die Verabschiedung der „Internationalen Konvention des Kindes". Welche Heuchelei europäischer Regierungen in Kenntnis der leidenden Kinder von Moria, diesen Tag zu feiern.

Draußen auf dem Meer spielen sich ähnliche Tragödien ab. Ein junger syrischer Flüchtling berichtet von einer Flucht im Schlauchboot:

> „Nachdem wir schon etwa einen Kilometer in den internationalen Gewässern der Meerenge zurückgelegt hatten, wurden wir von den türkischen Küstenwachen verfolgt. Sie kamen mit zwei Schiffen, einem großen und einem kleinen. Auf dem großen Schiff schossen sie in die Luft und brüllten, wir sollten kehrtmachen. Mit dem kleinen verfolgten sie uns. Sie näherten sich und schlugen mit langen Eisenstangen auf uns ein in der Absicht, uns im Meer sterben zu lassen" (Ziegler, 21).

Jean Jacques Rousseau hat bereits 1755 das, was Menschen anderen Mensch antun, auf den Punkt gebracht: „Nun ist in Beziehungen zwischen Mensch und Mensch das Schlimmste, was dem einen widerfahren kann, sich dem Belieben des anderen ausgeliefert zu sehen" (Rousseau, 1755/2019, 229).

Die Zeit überschreibt am 24.5.2019 einen Beitrag über die Zustände in Moria: „Die Leute leben wie die Tiere". Moria heißt auf Spanisch: er starb. Es ist erst ein langsames, verzweifeltes, zunächst seelisches und am Schluss oft körperliches Sterben.

Warum ist so etwas in Europa möglich? Warum stehen wir nicht auf und klagen an? Sind wir so abgestumpft, oder wollen wir nicht täglich an unser schlechtes Gewissen erinnert werden?

Es gibt zwar keine Kollektivschuld der Europäer oder der Bürger*innen in den einzelnen Mitgliedstaaten. Sehr wohl gibt es aber eine Kollektivscham, die jedem einzelnen Europäer und allen gemeinsam sein sollte, eine Scham darüber, wie tief Europa moralisch gesunken ist.

> „Die Menschheit befindet sich in der Krise – und es gibt keinen anderen Ausweg aus dieser Krise als die Solidarität zwischen den Menschen. Das erste Hindernis zum Abbau der wechselseitigen Entfremdung ist die Verweigerung eines Dialogs: das aus Selbstentfremdung, Distanz, Achtlosigkeit, Zurücksetzung und Gleichgültigkeit geborene […] Schweigen" (Bauman, 2016, 24).

Wir brauchen eine Debatte darüber, wie wir mit Flüchtlingen umgehen, die auch zukünftig nicht aufzuhalten sind und zu uns kommen werden. Im Sinne Wittgensteins geht es bei dem Dialog um Verstehen, also wie es weitergeht.

Wir brauchen eine Debatte über uns selbst, um unsere eigene Hilflosigkeit zu überwinden.

2.3 Der Ukraine-Konflikt

Prolog

Sinn-Losigkeit

In der Ukraine und anderswo sterben
Kinder, Frauen und Männer
Für wen, für was

Wie immer in Kriegen gibt es
Keine Antwort, es fehlen die Wörter
Für die Ehre, den Hass

Die Ehre ist immer die der Wenigen,
sie machen sich zu Nutzen den Hass der Vielen
für das Volk, das Vaterland

Volk, Vaterland, Ehre, Hass, das ist der Stoff,
aus dem seit Menschengedenken Kriege gemacht
für wen, für was

Wer treibt das Volk, wer benutzt
Das Vaterland als Vehikel zur Macht
Für Eliten, für Zentren

Sie benutzen Volk und Vaterland,
Es ist ihre Macht,
die Feinde sind immer die anders Denkenden (*wb*)

Vorbemerkung*

> „Soweit das Gedächtnis der Menschheit zurückreicht, hat es Kriege gegeben, solange es Kriege gibt, hat die Menschheit den Frieden gepriesen. Aus dieser unbestreitbaren Tatsache wird zuweilen der hoffnungslose Schluß gezogen, daß alles Bemühen, das darauf hinauszielt, die uralte Menschheitssehnsucht nach Frieden zu stillen und den Krieg auszumerzen, ein vergebliches sei" (Fried, 1907, 1).

Seit der Pazifist Alfred H. Fried vor mehr als 110 Jahren diese Sätze formuliert hat, haben sich die Menschen weiter in verheerenden Kriegen mehr als 100-millionenfach umgebracht. Der nach den Kriegen jeweils erfolgte Friede, oder besser Waffenstillstand, hatte meist wenig Bestand. Die Geschichte der Menschheit ist eine Geschichte der Kriege.

Das 20. Jahrhundert als eines der blutigsten in der Menschheitsgeschichte war wie kein anderes ideologisch begründet. Die beiden menschenverachtenden Weltkriege schienen nach ihrem Ende zunächst eine Chance für den Frieden zu eröffnen. Nach dem Zweiten Weltkrieg war die Gründung der Vereinten Nationen mit dem alleinigen Gewaltmonopol ein hoffnungsvoller Ansatz. Bitterlich verfeindete Nationen, Jahrhunderte lang in Bruderkriege verstrickt, an erster Stelle Frankreich und Deutschland, schlossen sich mit Italien und den Benelux-Staaten zu einer Gemeinschaft zusammen. In historisch einzigartiger Weise schafften sie den Krieg als Mittel der Konfliktrege-

* Überarbeitete Fassung der Erstveröffentlichung bei ‚*eyes of europe/elcor internationale*' in deutsch/russisch vom 20. Januar 2015)

lung zwischen europäischen Staaten ab. Selbst wenn dies als die einzige Leistung des europäischen Einigungswerkes übrig bliebe, hätten sich die Anstrengungen gelohnt.

Die internationale Streitschlichtung ist Europa weniger gut gelungen. Nicht selten waren europäischen Staaten an den mehr als hundert gewalttätigen Konflikten seit 1945 aktiv beteiligt. Die nationalen partikularen Interessen dominieren wie seit Jahrhunderten das europäische Gemeinschaftsinteresse. So steht auch der Glaube an die immerwährende nationale Souveränität einer gemeinsamen Außen- und Sicherheitspolitik der Europäischen Union im Wege. Auch das 21. Jahrhundert blieb von der Geißel des Krieges nicht verschont. In den ersten zwanzig Jahren erlebten wir Kriege nahe an Europas Grenzen wie den Irakkrieg und den noch andauernden Krieg in Syrien mit über 500 000 Toten. Dieser Krieg stürzte die Europäische Union mit den Schutz suchenden Flüchtlingen in eine tiefe Krise.

Der Konflikt in der Ukraine macht uns erschreckend klar, wie zerbrechlich der Friede auch heute in Europa ist. Der Satz Willy Brandts (1913–1992) gilt nach wie vor: „Friede ist nicht alles, aber ohne Friede ist alles nichts." Nur mit einer strategischen, auf Vertrauen beruhenden Partnerschaft mit Russland können wir unser im Ganzen erfolgreiches Modell eines friedlichen Europa weiter ausbauen. Europa braucht Russland gleichermaßen, wie Russland Europa braucht.

In diesem Krisenkapitel über die Ukraine geht es darum, zunächst tieferliegende Ursachen für den Konflikt zu beschreiben, Ursachen, die nicht zuletzt in einer unterschiedlichen historischen Sozialisation des Westens und des Ostens liegen.

Daran schließt sich die Frage an, ob die Kultur eine gemeinsame Klammer sein kann, wenn die Politik mehr oder weniger versagt. Was zu befürchten ist, ist die Rückkehr zu alten Denkmustern, die einer gemeinsamen Zukunft zwischen Ost und West im Wege stehen oder sie gar verhindern.

Zum Schluss werden einige Szenarien aufgezeigt und ein Vorschlag gemacht, wie nach meiner Einschätzung die Krise gelöst werden kann. Minsk II regelt die Krise nur, wenn überhaupt.

Zum Selbstverständnis des Westens als Wertegemeinschaft

Der Berliner Historiker Heinrich August Winkler (vgl. Winkler, 2012/2015) hat in einem großartigen Werk der Geschichtsschreibung erstmals den Westen beschrieben, wie er entstanden ist und wo seine Wurzeln liegen. Ich kann hier nur in gebotener Kürze einige wenige seiner Gedanken aufgreifen. Es überfordert natürlich ein kleines Kapitel in einem Büchlein, den „welthistorischen Bogen der Geschichte" des Westens zu umspannen.

Es ist zu verdeutlichen, wofür der Westen auch noch heute steht, wie er sich als Wertegemeinschaft versteht und sein politisches Handeln an seinen Werten ausrichtet – oder auch nicht. Wichtig ist hierbei zu verstehen, ob und ab wann sich das Selbstverständnis des Westens vom Selbstverständnis des Ostens unterscheidet. Ist dieser Unterschied die Quelle für heutige Missverständnisse zwischen Russland auf der einen und dem Westen auf der anderen Seite?

Schon sehr früh, in der griechischen Etymologie, findet man das Gegensatzpaar Orient und Okzident. Der Orient ist dem Okzident überlegen. Erst mit Christus und dem Erlösungsgedanken wird der Orient dem Okzident gleichwertig. In der griechischen Mythologie finden wir auch eine Erklärung für den Namen Europa, obwohl es nach Homer keinem Sterblichen vergönnt ist, zu wissen, woher der Name stammt.

Jedoch ist heute weitgehend gesichert, dass Europa vom arabischen eReB abgeleitet ist, wobei die Konsonanten R und B soviel bedeuten wie das Land der untergehenden Sonne, der Abend, der Westen.

Der Westen oder das Abendland ist geprägt durch die lateinische Westkirche im Gegensatz zur griechisch-orthodoxen Ostkirche. Endgültig wurde diese Trennung vollzogen nach der Teilung des Römischen Reiches 395 n. Chr. in einen west- und einen oströmischen Teil.

Der fundamentale Unterschied zwischen den beiden Teilen bestand darin, dass sich im Westen ein „dualistischer Geist" entwickeln konnte. Der Sozialhistoriker Otto Hintze (1861–1940) meint damit die „Ausdifferenzierung von geistlicher und weltlicher Gewalt", „von fürstlicher und ständischer Gewalt". Im Ostteil des Römischen Reiches, damit in der Orthodoxie, blieb die geistliche Gewalt der weltlichen untergeordnet (vgl. Winkler, 2015, 582).

> „Ohne Dualismus kein Pluralismus, kein Individualismus, keine Zivilgesellschaft und auch nicht die spezifische, von Max Weber herausgearbeitete, alle Lebensbereiche erfassende okzidentale Rationalität" (ibid., 583).

Woraus bestehen nun die von Max Weber (1864–1920) herausgearbeiteten Charakteristika für den Westen?

„Eine empirisch vorgehende Wissenschaft, die rational harmonische Musik, den strengen Schematismus des okzidentalen Rechts, das Fachmenschentum, die schrankenlose Erwerbsgier des modernen Kapitalismus, die Trennung von Haushalt und Betrieb, die rationale Buchführung, das abendländische Bürgertum, die Organisation freier Arbeit und die Entstehung eines rationalen Sozialismus“ (Weber, 1988, Vorbemerkung).

Zweifelsfrei gehören diese Charakteristika konstitutiv zum Westen. Erstaunlich ist, dass die politischen Errungenschaften des Westens vollständig fehlen: die Gewaltenteilung, die Menschen- und Bürgerrechte, die Volkssouveränität, die repräsentative Demokratie. Endgültig setzten sich diese Ideen und Ideale von „Klassikern des europäischen Denkens“ (vgl. Böttcher, 2014) konkret in der amerikanischen Revolution von Virginia am 12. Juni 1776 und in der von ihr beeinflussten französischen Revolution vom 26. August 1789 durch.

Seit diesen beiden in damaliger Zeit epochalen Revolutionen ist der Westen diesen Idealen verpflichtet. Sie bilden die Grundlage der westlichen Wertegemeinschaft.

Aber der Westen ist nicht nur „ein Schatzhaus von Idealen“ (vgl. Sternberger, 1980). Der Westen ist auch Ausprägung des totalen Staates. Der Westen hat das Führerprinzip bis zur vollendeten Perversion entwickelt, die Freiheit des Individuums der totalen Kollektivität geopfert, unendliches Leid über die Völker dieser Erde durch Kolonialismus und Imperialismus gebracht, Menschen zu Objekten im Sklavenhandel gemacht und das Gastrecht zur Fremdenfeindlichkeit pervertiert. Siehe als jüngstes Beispiel die Flüchtlingspolitik der EU im Mittelmeer.

Auch das ist der Westen. Wir können, ja, wir dürfen dies nicht aus unserem Bewusstsein ausgrenzen. Wir müssen es als dazugehörige, wenn auch hässliche Wesenszüge der Europäer annehmen.

Mit dem Krieg und Sieg Japans über Russland 1905 – zum ersten Mal in der jüngeren Geschichte, dass eine asiatische eine europäische Macht besiegte – und nach dem Ende der „Urkatastrophe" des 1. Weltkrieges bröckelte das bis dahin dominierende Überlegenheitskonzept des Westens. Es begann die Entkolonialisierung, intellektuell und realpolitisch. Der Mythos der westlichen Überlegenheit wurde zerstört. Mahatma Gandhi (1889–1948) sagte voraus, mit dem Sieg würden „die Völker des Ostens endlich aus ihrer Lethargie erwachen" (Gandhi, zit. n. Mishra, 2014, 16).

110 Jahre später ist der Westen nur noch einer von mehreren *Global Players*, und zwar mit abnehmender Bedeutung. Jedoch behält das „normative Projekt" des Westens mit seinen Ideen der unveräußerlichen Menschenrechte, der Herrschaft des Rechts, der Gewaltenteilung, der Volkssouveränität, der repräsentativen Demokratie seinen Wert. Es kann nur durch den Westen selbst zerstört werden, wenn er sich nicht daran hält (vgl. Winkler, 2015, 17/610).

Russland als Zentralmacht des Ostens, auch westlich beeinflusst

Das West-Römische Reich ging 476 n. Chr. unter, das Ost-Römische erst 1453 mit der Einnahme Konstantinopels durch die Türken. Spätestens seit dem Untergang des West-Römischen Reiches haben sich auch ideologisch der Westen und der Osten unterschiedlich entwickelt. Auf wichtige Punkte der Entwicklung des Westens habe ich hingewiesen.

Wie bereits angedeutet, spielten die Kirchen eine besondere Rolle. Der Dualismus zwischen westlicher und geistlicher Macht im West-Christentum ermöglichte die Emanzipation des Staates von der Kirche, in vielen Ländern eine strikte Trennung. Anders verhält es sich in der byzantinisch-orthodoxen Kirche. Sie hatte sich von Beginn an der weltlichen Macht untergeordnet, und dies gilt bis heute. Die freiwillige Unterordnung bedeutet allerdings nicht, dass die russisch-orthodoxe Kirche keinen Einfluss auf die Staatsgeschäfte gehabt hätte. Nur in der Zeit des Kommunismus nach der Oktoberrevolution, als Lenin die Trennung von Staat und Kirche verfügte, und die Kirche ihren Status als juristische Person verlor, wodurch ihr das Recht auf Eigentum genommen wurde, spielte sie eine untergeordnete Rolle.

Im heutigen Russland wird im Religionsgesetz der Russischen Föderation von 1997 ausdrücklich deren „spezieller Beitrag zum Aufbau des russischen Staatswesens und zur Entwicklung des Geistes und der Kultur Russlands" gewürdigt. Seit der Präsidentschaft Putins hat sie an Bedeutung noch zugenommen. Der Patriarch und Putin instrumentalisieren sich gegenseitig. Die Kirche ist eine wesentliche Stütze für den Machterhalt Putins, insbesondere auf dem flachen Land. Putin hat sich mit der

Rückgabe des Kirchenbesitzes revanchiert. Heute gilt die Kirche als einer der größten Grundbesitzer Russlands.

Putin und der Patriarch Kyrill hängen gemeinsam auf Bildern in Klöstern, Kirchen und öffentlichen Gebäuden. Nur im Zarenreich gab es ein so inniges Verhältnis zwischen Staat und Kirche. Der PR-Chef der Kirche spricht von einer „Symphonie der Kirche, des Staates und der Gesellschaft." Jeder, der diese Symphonie stört, bekommt es mit dem Staat zu tun. Die zaristische Triade Rechtgläubigkeit – Autokratie – Volkstümlichkeit erlebt eine Renaissance. Seit 2013 ist die „Beleidigung religiöser Gefühle" ein Straftatbestand. Wer Schwule und Lesben auf offener Straße mit einem Antiseptikum grün besprüht und kennzeichnet, bleibt dagegen straffrei.

Hier ist nicht der Ort, näher auf die russische Geschichte einzugehen. Nur zwei bedeutende Epochenereignisse will ich kurz erwähnen, weil sie unmittelbar mit dem Thema zusammenhängen:

Erstens geht es um den altrussischen Staat der Kiewer Rus im 9. Jahrhundert, einen Zusammenschluss der ostslawischen Stammesverbände der Poljanen, Drewljanen, Krivitschen, Woltynier und anderer.

Dieses Ereignis wird deshalb herausgegriffen, weil es nach meiner Auffassung im kollektiven Gedächtnis der Russen noch heute eine Rolle spielt. So halte ich es für einen Fehler des Westens, bei seiner Annäherung an die Ukraine sich ahistorisch verhalten zu haben. Der Westen hätte in seiner Beziehung zur Ukraine die Tatsache berücksichtigen müssen, dass die Ukraine für Russland kein Land wie jedes andere ist.

Zweitens ist der Aufstieg Russlands unter Peter dem Großen (1672–1725) in unserem Zusammenhang besonders hervorzuheben. Vor mehr als 300 Jahren modernisierte er Russland, indem er sein Land europafähig machen wollte.

Bis heute war und ist Russland aktiver Mitgestalter europäischer Politik. Bismarck (1815–1898) warnte in einem Erlass an den deutschen Botschafter in Wien vor einem Krieg mit Russland:

> „Selbst der günstigste Ausgang des Krieges würde niemals die Zersetzung der Hauptmacht Russlands zur Folge haben, welche auf den Millionen eigentlicher Russen griechischer Konfession beruht."

Für Bismarck war Russland „das unzerstörbare Reich russischer Nation, stark durch sein Klima, seine Wüsten und seine Bedürfnislosigkeit" (Bismarck, 1888, Dok. 1340).

Bismarck sah Russland als Verbündeten und auch als Kontrahenten, in jedem Falle respektierte er es.
Respekt ist ein gutes Stichwort.

Seit Peter dem Großen und in seiner Folge auch Katharina der Großen (1729–1796) ist das Schicksal Russlands eng mit Europa, und das Schicksal Europas ebenso eng mit dem Schicksal Russlands verbunden. Gegenseitig sind wir auf gute Nachbarschaft angewiesen, da weder Russland die Europäische Union noch umgekehrt die Europäische Union Russland dominieren kann. Wenn dem so ist, dann reicht es nicht aus, sich mit einem *Modus Vivendi* zufrieden zu geben. Es ist vielmehr konstruktive Zusammenarbeit zum gegenseitigen Vorteil zu suchen. Noch besser wäre es, einen Gedanken von Marc Aurel (120–180), dem Philosophenkaiser Roms, einem Vertreter der Stoa, aufzugreifen und leicht abzuwandeln, dass sich Russland und die anderen europäischen Länder zueinander verhalten sollten wie die Häuser einer Stadt.

Dazu bedarf es seitens der EU der Behandlung Russlands auf Augenhöhe. Von Seiten Russlands bedarf es der Anerkennung der mühsam erworbenen Gemeinschaftsmethode der EU, nämlich Konflikte durch Dialog und Konsens zu regeln oder gar zu lösen.

Die Ungleichzeitigkeit von Politik und Kultur zwischen Ost und West

Russland hat mit der Annexion der Krim und der Intervention in der Süd-Ost-Ukraine westliche Werte und bestehende Verträge verletzt (KSZE-Schlussakte 1975; Charta von Paris 1990; Budapester Memorandum von 1994; NATO-Russland Grundakte von 1997). Dies ist die politische Dimension der heutigen westlich-russischen Beziehungen. Politik verharrt wieder mehr oder weniger in einem Freund/Feind-Denken, in einer psychologischen Erstarrung. Als einziger Hoffnungsschimmer bleibt uns die Kultur. Im Moment kann man eine Ungleichzeitigkeit von Politik und Kultur feststellen. Während die Politik auf das Niveau einer Fast-Sprachlosigkeit herabgesunken ist, bleibt die Kultur als Werte-Klammer zwischen Russland und dem Westen intakt. Nur die Kultur sichert noch ein Rest-Vertrauen, nur sie bietet uns Orientierung in einer trostlosen Zeit.

Wie und was wir heute geworden sind, verdanken wir einem mehr als 5000-jährigem Ringen der Völker um Frieden, das sich in Europa zu einer einzigartigen europäischen Kultur verdichtet hat. Große wie kleine Völker haben hierzu ihren Beitrag geleistet, auch Russland. Nur mit Russland ist die europäische Kulturgemeinschaft gesamteuropäisch.

Vier kulturelle Hinweise aus vielen, vielen mehr mögen als Beleg genügen, um die Bereicherung gesamteuropäischer Kultur durch Russland zu zeigen.

Spätestens mit Fjodor M. Dostojewskij (1821–1881) hat die russische Literatur europäische Geltung, ja Weltgeltung erreicht. Sie verließ ihren stark „rezeptiven" Ansatz und wandelte sich zu einer selbstständigen Größe. Sie befreite sich in einer Art Dialektik von dem „Zauber" des Fremden und gleichzeitig bereicherte sie mit der „russischen Idee" das literarisch-kulturelle Denken Europas (vgl. Erochin, in: Böttcher 2014).

In der russischen Philosophie, die nach ihrer Emanzipation von der russisch-orthodoxen Theologie im 18. Jahrhundert stark von Kant und Hegel beeinflusst wurde, will ich die Anarchisten Bakunin und Kropotkin hervorheben. Sie beeinflussten europäisches Denken einer gewalt- und herrschaftsfreien Gesellschaft.

Als Beispiel für die russische Musik, die weit nach Europa hin ausstrahlte, nenne ich Modest Petrovitsch Mussorgski (1839–1881). Mit seinem großen musikdramatischen Werk „Boris Godunow" und dem Klavierzyklus „Bilder einer Ausstellung" war er einer der großen Ideengeber für die europäischen Musiker des 19. Jahrhunderts.

Aus der Malerei wähle ich Kasimir Malewitsch (1874–1935), den Wegbereiter des Konstruktivismus und Begründer des Suprematismus, die erste konsequent ungegenständliche oder abstrakte Kunstrichtung. Für alle Strömungen der künstlerischen Abstraktion ist er ein unerlässlicher Bezugspunkt (vgl. Zuffi (Hrsg., Bd. 7).

Diese nur wenigen Beispiele zeigen uns, dass Russland integraler Bestandteil europäischer kultureller Identität ist und bleibt. Wenn wir Russland ausgrenzen, grenzen wir einen Teil der europäischen Identität aus.

Nach der Auflösung der Sowjetunion haben wir im Westen lange geglaubt, der Kapitalismus habe endgültig über den Kommunismus triumphiert. Plötzlich dominierten angeblich neue Werte wie Effizienz, Flexibilität, Deregulierung, Vermarktungschancen. Erst ganz allmählich wurde uns bewusst, dass dies keine Werte, sondern nur Instrumente des Kapitalismus sind. Wir müssen uns rückbesinnen auf die schon erwähnten Werte wie Freiheit, Gleichheit, Brüderlichkeit, Werte, die heute nicht weniger aktuell sind als zur Zeit der Französischen Revolution. Im Bewusstsein dieses durch die Jahrhunderte gewachsenen Erbes, das weder kulturellen Grenzen noch geografischen Zwängen unterliegt, muss Europa seinen oft gelebten Traum der Selbstverliebtheit aufgeben. Die weltweite militärische und ökonomische Vorherrschaft Europas ging einher mit dem Glauben an immerwährenden Fortschritt, an fortdauerndes quantitatives Wachstum, gegründet auf Ideologien wie Nationalismus, Liberalismus und Sozialismus (vgl. Mishra, SZ, 7./8.2.2015).

Das Vertrauen in die Allgemeingültigkeit europäischen Denkens, in seine kulturelle und intellektuelle Überlegenheit, in seine alles durchdringende Rationalität wurde durch die doppelte Urkatastrophe des 20. Jahrhunderts in seinen Grundfesten erschüttert. Selbstzweifel durchziehen heute unser Denken. Sie werden geprägt durch die Verunsicherung über den Zusammenbruch von bis dahin weltweit beherrschenden Ideen der Überlegenheit des westlichen Lebensmodells, entstanden in einer mehr als siebenhundertjährigen Kulturgeschichte (vgl. Böttcher 2014). Der Glaube an den andauernden Fortschritt, hervorgerufen durch dieses westliche Modell von Sozialismus, Kapitalismus und Demokratie, hat seine Faszination verloren.

Europa muss die Auseinandersetzung mit den politischen und intellektuellen Traditionen anderer Gesellschaften führen, um nicht eigene intellektuelle Entkräftung und historische Bedeutungslosigkeit zu erfahren (Pankaj Mishra). Anders gewendet: Europa muss Abschied nehmen von seinem Jahrhunderte alten intellektuellen Überlegenheitsanspruch und dennoch seine in Jahrhunderten errungenen kulturellen Werte in die Zukunft einer besseren Welt einbringen. Auch das geht nur gemeinsam mit und nicht gegen Russland.

Überwindung alter Denkmuster

Wie kann die weitere Entwicklung in der Ukraine aussehen? Gibt es einen Ausweg aus dem derzeit verstörenden Verhältnis zwischen Russland und dem Westen? Können wir zu einem geregelten, friedlichen Nebeneinander oder gar Miteinander finden? Ist dazu die Alternative ein eingefrorener Konflikt, der je nach Belieben wieder auftauend virulent werden kann?

Fragen über Fragen. Was tun?

Im zweiten Teil meiner Überlegungen geht es nicht um Prognosen für die west-östlichen Beziehungen. Die Geschichte lehrt uns, dass eine Vorhersage der Zukunft nicht möglich ist. Wir haben gelernt, dass Prognosen fast immer falsch sind.

Es geht vielmehr darum, in Szenarien Aussagen darüber zu treffen, wie sich die Ukraine entwickeln könnte und mit ihr das Verhältnis zu Russland und dem Westen.

Zunächst werde ich zwei Szenarien nur nennen und ein Drittes ausführlich behandeln, weil es für eine Umsetzung die höchste Wahrscheinlichkeit besitzt, den Konflikt zu lösen und nicht nur zu regeln, also einzufrieren.

Szenario 1

Die Krim bleibt russisch. Moskau behält seinen beherrschenden Einfluss in der Süd-Ost-Ukraine. Der Ukraine-Konflikt bleibt eingefroren und belastet dauerhaft das russisch-westliche Verhältnis. Die Ukraine zieht sich auf die Rest-Ukraine zurück und versucht, die Assoziierung mit der EU voranzutreiben.

Szenario 2

Die Krim bleibt russisch. Die Süd-Ost-Ukraine, zunehmend unter russischem Einfluss, gewinnt mehr und mehr an Selbstständigkeit und sucht internationale Anerkennung. Jedoch nur ganz wenige Länder, ähnlich wie bei Abshasien und Ossetien, erkennen den Staat an. Um das Gebiet nicht ganz zu verlieren, strebt die Ukraine eine Konföderation zwischen der Süd-Ost-Ukraine und der West-Ukraine an.

Szenario 3
Die gesamte Ukraine erklärt ihre immerwährende Neutralität. Mit der Zustimmung Moskaus nähert sie sich ökonomisch der EU an bei gleichzeitiger Errichtung einer Freihandelszone zwischen der Europäischen und der Eurasischen Union.

Da nach meiner Auffassung nur das dritte Szenario den Ukraine-Konflikt lösen und gleichzeitig wieder eine gemeinsame West-Ost-Vertrauensbasis aufbauen kann, will ich dieses Szenario näher erläutern.

Bewusst stelle ich eine Verbindung her zwischen der Kuba-Krise 1962 und der Ukraine-Krise 2014/15. Zwar sind die „Dreizehn Tage am atomaren Abgrund" (vgl. Steinger, 2011) in ihrer Dramatik mit der zur Zeit vorfindlichen verhaltensgestörten Hilflosigkeit zwischen Russland und dem Westen nicht vergleichbar. Allerdings vergleichbar ist die zunehmende Eskalation der Spannungen zwischen den beteiligten Akteuren, damals zwischen der UdSSR und den USA, heute zwischen Russland, der Ukraine, der Europäischen Union und den Vereinigten Staaten von Amerika.

Das gemeinsame Ziel von damals und heute ist zunächst eine Deeskalation der internationalen Spannungen. Damals wie heute geht es um „eine psychologische Theorie der internationalen Beziehungen" (vgl. Etzioni, 1962), um eine Theorie, die der Psychologie und der Wissenschaft von der internationalen Politik zuzuordnen ist.

> „Diese Theorie betrachtet das Verhalten von Nationen im Grunde wie ein Verhalten von Personen, deren starke Antriebsenergie die Ansteuerung ihrer Ziele motiviert, die

> Wahl ihrer Mittel beeinflußt und die ausgesendeten und empfangenen Kommunikationsinhalte entstellt. Diese Theorie meint ferner, daß Nationen, sobald sie in Konflikt geraten, sich leicht in einer Spirale verfangen. Die Feindseligkeit des einen wird, so wie sie der andere begreift, dessen Feindseligkeit hervorrufen, welche hinwiederum vom ersteren wahrgenommen wird und so seine Feindseligkeit weiter verstärkt." (Etzioni, in: Krippendorf, 1970, 393).

Genau in einer solchen „psycho-logischen" resp. „pseudologischen" Falle stecken die internationalen Beziehungen, spätestens seit der Annexion der Krim durch Russland, historisch nachvollziehbar, völkerrechtlich inakzeptabel. Die Ursachen für die derzeitige verfahrene Situation sind natürlich viel früher zu suchen.

Wie bereits angedeutet, geht es hier nicht darum, zu analysieren, wer die größere Schuld an dem zur Zeit hohen Spannungsgrad hat, sondern darum, dass wir in der aktuellen Situation ein Aufbrechen der psychologischen Erstarrung brauchen. Beide Seiten werfen sich wechselseitig vor, schuld an der nicht ungefährlichen internationalen Spannungslage zu sein.

> „Stereotypisches Verhalten wird oft von Paranoia begleitet. Jedes Angebot des Gegners wird als Versuch zur einseitigen Förderung eigener Zwecke und als Falle für uns ausgelegt" (ibid., 394).

Psycho-logische Blockierungen hindern die beteiligten Akteure daran, die internationale politische Realität so zu sehen, wie sie ist. Gleichgültig, wer der Verursacher der Krise ist, bestehen die Akteure darauf, dass es die jeweilig andere Seite ist, dadurch verfestigt sich die psycho-logische Blockade immer mehr. Beide Seiten bestehen darauf, dass die andere Seite sich zuerst bewegt. Allerdings ist die psycho-logische Sperre nur dadurch aufzubrechen, indem eine Seite den Anfang macht, indem eine Seite die Initiative zur Umkehr ergreift.

Die Hauptthindernisse für eine Umkehr, damit einem neuen Denkansatz zur Lösung der Krise eine Chance zu geben, sind: Selbstgerechtigkeit, Kritikunfähigkeit gegenüber eigenem Verhalten, Verteufelung des Gegners, die „Polarität der Werte" zwischen ‚uns' den Guten und Fairen, sowie zwischen ‚ihnen', den Bösen und Unfairen, Freund-Feind-Denken usw.

> „Eine andere Wirkung liegt in der Errichtung von zweierlei Standards nationaler Moral. Genau dasselbe Verhalten gilt als moralisch, wenn, ‚wir' es aufweisen, aber als unmoralisch, wenn, ‚sie' es aufweisen. Warum? Da in Übereinstimmung mit der Psycho-Logik ‚wir' und ‚sie' mit unterschiedlichen Motiven versehen werden.!" (ibid.).

Wir müssen also unsere eigenen Handlungsmotive und diejenigen unserer Gegner gleichwertig beurteilen. Die größte Blockade, dies anzuerkennen, liegt in dem gegenseitigen Misstrauen. Ohne gegenseitiges Vertrauen werden die Spannungen dramatisch zunehmen. Mehr und mehr nehmen sie die bekannten Muster des Kalten Krieges an.

Charles Osgood (1916–1991), ein international anerkannter Psychologe seiner Zeit, hat auf dem Höhepunkt der Kuba-Krise

1962 mit seiner Methode „Graduated and Reciprocated Initiative in Tension Reduction" (GRIT) (Graduelle und reziproke Initiative zur Spannungsreduktion) eine Lösung der damaligen Konfrontation zwischen der UdSSR und den USA vorgeschlagen. Sie hat funktioniert. An dieser Methode orientiere ich mich mit dem Ziel, den Ukraine-Konflikt dauerhaft zu lösen.

Vertrauensbildende Maßnahmen

Da Russland sich als Verlierer der geopolitischen Veränderung nach 1990 fühlt und von daher der Vertrauensverlust gegenüber dem Westen groß ist, sollte der Westen mit vertrauensbildenden Maßnahmen beginnen. Es macht keinen Sinn, wenn die deutsche Bundeskanzlerin den ersten Schritt von Russland verlangt. Mit einer solchen Forderung finden wir aus der Spannungsfalle nicht hinaus.

> „Das Bestehen darauf, daß der, der den Prozeß ausgelöst hat, auch die Initiative seiner Umkehrung ergreifen muß, wird als unreifes Verhalten angesehen" (Etzioni in: Krippendorf, 396).

Verhandlungen führen erst dann zum Erfolg, wenn sie in einem Klima des Vertrauens stattfinden, wenn jede Seite der anderen guten Willen unterstellt.

Die *erste Phase* eines sich schrittweise vollziehenden Vertrauensaufbaus könnte vom Westen mit der Rücknahme einiger Sanktionen eingeleitet werden, oder noch besser, Russlands Präsidenten wieder zum einem G8-Gipfel einzuladen. Die Aufhebung von zwei oder drei Sanktionen und/oder die Einladung verfolgen den Zweck, Russland den guten Willen des Westens zu signalisieren. Vladimir Putin käme kaum mit leeren Händen.

Der Beginn der *zweiten Phase* könnte erneut vom Westen ausgehen, indem weitere Sanktionen aufgehoben werden. Allerdings sollte dieser zweite Schritt von der Erwartung des Westens begleitet sein, dass Russland ebenfalls seinen guten Willen bekundet.

Um Russland zur Erwiderung zu veranlassen, muss das westliche Angebot substantiell das Spannungsniveau verringern. Dadurch würde Russland zusätzliche Freiheitsgrade des Handelns gewinnen und könnte positiv reagieren, indem es seine Waffenlieferungen an die Ost-Ukraine einstellt und seine Kämpfer unter internationaler Beobachtung, z. B. der OSZE, abzieht. Grundsätzlich muss Russland selbst entscheiden, welche positive Reaktion es für angemessen hält.

> „Die ausdrückliche Aufforderung zur Erwiderung dient verschiedenen Zielen: Sie ermutigt den Gegner, aktiv über spannungsvermindernde Alternativen nachzudenken; sie läßt ihn sicher sein, daß wir seine Handlungen richtig interpretieren; und sie weist darauf hin, daß wir von der Parallelität, wenn nicht sogar Identität seiner Motive mit den unsrigen überzeugt sind“ (Osgood, in Krippendorf, 382 f.).

Mit der ersten und der zweiten Phase muss eine sukzessive ideologische und publizistische Abrüstung einhergehen. In der *dritten Phase* sollte die Propaganda allmählich ganz eingestellt werden. Dadurch, dass beide Seiten ihre Propaganda – damit die Verteufelung des Gegners, die Unterstellung unlauterer Motive und die Behauptungen, der Gegner wolle sich mit seinen Angeboten nur trickreich Vorteile verschaffen – einstellen, würde zusätzlich erheblich zum Vertrauensaufbau beitragen.

Zum Beispiel könnte einmal monatlich ein gemeinsames Bulletin, an dem alle Akteure des Konflikts beteiligt sind, herausgegeben werden, in dem die Vertrauensfortschritte, aber auch die noch bestehenden Unterschiede in der Einschätzung der Lage dokumentiert werden.

In der *vierten Phase* müssten dann die noch möglicherweise bestehenden letzten Reste von aufgehäuftem falschem Bewusstsein, tiefliegendem Misstrauen und gegenseitigen Unterstellungen abgebaut werden. Der Westen würde alle Handelsschranken gegenüber Russland vollständig fallen lassen. Insbesondere müsste Russland wieder den vollen Zugang zu den internationalen Finanzmärkten haben. Im Gegenzug würde Russland seine Militärdoktrin von 2010 aufheben, mit der es Russlands Streitkräften erlaubt ist, zum Schutz der im Ausland lebenden Russen zu intervenieren. Genau so müsste die aktualisierte Militärdoktrin von Ende 2014 zurückgezogen werden, in der die Ukraine und die Nato als mögliche Bedrohung für die nationale Sicherheit Russlands bezeichnet werden (vgl. SZ, 29.12.2014).

Außerdem könnte eine gemeinsame Kommission mit ukrainischer, russischer und OSZE-Beteiligung die Grenzen zwischen Russland und der Ukraine kontrollieren.

Erst wenn das Vertrauen wiederhergestellt ist, der Glaube gestärkt ist, wenn

- jeder der beteiligten Akteure der Wahrheit verpflichtet ist,
- das alte Denken in Einflusssphären auf beiden Seiten fallen gelassen wurde,
- die vorurteilsgeleitete Berichterstattung in der veröffentlichen Meinung verschwunden ist,
- die gegenseitige Berücksichtigung der Interessen aller Beteiligten erfolgt ist,
- die Gegner respektvoll und auf Augenhöhe miteinander umgehen,
- zumindest im Ansatz die Bereitschaft besteht, sich gemeinsam miteinander in eine konfliktärmere, bessere Zukunft zu wandeln,

erst dann haben Verhandlungen eine Chance.

Der Drei-Punkte Plan

Am 23. Dezember 2014 hat das ukrainische Parlament beschlossen, den 2010 verabschiedeten Status der Blockfreiheit aufzugeben und eine – derzeit unrealistische – NATO-Mitgliedschaft anzustreben. Dieser Beschluss erschwert eine Regelung der Krise, eine Lösung wird dadurch sogar verhindert.

Auch die Reaktion aus Brüssel ist wenig hilfreich, Vertrauen zu Russland aufzubauen: „Die Ukraine wird ein Mitglied der Nato werden, falls es darum bittet, die Standards erfüllt und sich an die notwendigen Prinzipien hält.“ (SZ, 29.12.2014) Nach dem hier vorgestellten Plan ist die Voraussetzung für eine Konfliktlösung Punkt 1 des Plans.

1. Die Ukraine revidiert den Beschluss vom 23. Dezember 2014 und erklärt ihre immerwährende Neutralität.

Als historisches Beispiel sei auf das Verfassungsgesetz des Österreichischen Nationalrates vom 26. Oktober 1955 verwiesen. Dort erklärt Österreich

> „zum Zwecke der dauernden Behauptung seiner Unabhängigkeit nach außen und zum Zwecke der Unverletzlichkeit seines Gebietes ... aus freien Stücken seine immerwährende Neutralität. Österreich wird diese mit allen ihm zu Gebote stehenden Mittel aufrechterhalten und verteidigen." (Art.1/1).

> „Österreich wird zur Sicherung dieser Zwecke in aller Zukunft keinen militärischen Bündnissen beitreten und die Errichtung militärischer Stützpunkte fremder Staaten auf seinem Gebiet nicht zulassen" (Art.1/2)." (Staatslexikon, 1960, Bd. 5, S. 1022–1027).

Die Aufnahme einer ähnlichen Erklärung in die Verfassung der Ukraine liegt im Interesse aller Konfliktparteien, vordringlich aber im Interesse der Ukraine selbst. Russland hätte kein Interesse mehr, die Ukraine zu destabilisieren. Der Westen könnte die ökonomische Integration der Ukraine in die Europäische Union vorantreiben, da eine neutrale Ukraine mit jedem Staat resp. jeder Organisation Handel treiben kann. Bereits 2004 hatte der russische Präsident geäußert, ein EU-Beitritt der Ukraine sei für Russland kein Problem. Nach meiner Auffassung ist der für Russland entscheidende Punkt die „Nichtidentifikation“ der Ukraine zu irgendeinem militärischen Bündnis. Für die NATO ist ein Beitritt der Ukraine kein Zugewinn von mehr Sicherheit, es sei denn, man sieht Russland weiterhin als potentielle Gefahr, als Feind an, der den Westen bedroht. Dies aber wäre grundsätzlich falsches Denken, da es im Interesse des Westens liegen muss, Russland einzubeziehen und nicht auszugrenzen.

2. Russland, die USA und die EU garantieren unter der Schirmherrschaft der UNO die Neutralität und territoriale Integrität der Ukraine. Eine solche Garantie wäre der Lackmustest dafür, ob eine Konfliktlösung in der Ukraine möglich ist. Es wäre der Lackmustest dafür, wie ehrlich alle Beteiligten eine dauernde Stabilität in dieser Region anstreben. Es wäre der Lackmustest dafür, ob ein für alle Mal das Verhältnis des Westens zu Russland auf eine partnerschaftliche Grundlage gestellt werden könnte, geprägt von Respekt und Augenhöhe.

3. Neben der Aufnahme einer immerwährenden Neutralität muss der zweite Kern einer neuen ukrainischen Verfassung eine weitestgehende Föderalisierung mit weitestgehender Autonomie für ihre Regionen sein. Eine Föderalisierung der Ukraine muss Rücksicht nehmen auf deren historische Vergangenheit, auf die Spaltung in einen eher westlich und einen eher russisch orientierten Teil des Landes. Drohung, Druck und Gewalt lösen nicht die vorhandenen Probleme, sondern stehen einer Lösung nur im Wege.

Die Umsetzung des Abkommens von Minsk vom 12. Februar 2015 kann zwar vielleicht die Spannungen mindern und direkte gewalttätige Auseinandersetzung verhindern, jedoch langfristig die Probleme nicht lösen. Die so genannten Volksrepubliken Luhansk und Donezk werden sich keinem Oktroi aus Kiew beugen. Sie müssen an einer neutralen Nationbildung der Ukraine beteiligt werden, unter der Bedingung, dass das oberste anzustrebende Ziel die territoriale Unversehrtheit der Nation ist.

Diese sogenannten Volksrepubliken werden weder mit gutem Willen überredet werden können, sich wieder in die derzeit vorfindliche Ukraine einzugliedern, noch mit Gewalt dazu gezwungen werden können. Also bleibt als Lösung nur eine Neuordnung der Ukraine unter Einbeziehung der so genannten Volksrepubliken.

In einer solch kurzen Überlegung kann es nicht darum gehen, einen detaillierten Plan für eine Neuordnung der Ukraine vorzulegen. Dies wäre gleichzeitig eine Selbstüberschätzung und eine völlige Überforderung meinerseits. Unerlässlich erscheinen mir jedoch die Beachtung einiger weniger Grundsätze:

- das Parlament der Ukraine beschließt eine weitestgehende Föderalisierung des Landes;
- eine verfassungsgebende Versammlung unter Einbeziehung möglichst breiter Bevölkerungsschichten wird einberufen;
- die Versammlung beschäftigt sich zunächst mit der Neugliederung des Landes auf der Basis der Selbstkoordinierung der Gliedstaaten von unten;
- eine Neugliederung des Landes wird dem Volk zur Abstimmung vorgelegt;
- erst wenn die Gliedstaaten mit einer eigenen Verfassung, ähnlich den deutschen Bundesländern, gebildet sind, kön-

nen die so genannten Volksrepubliken in die Ausarbeitung einer föderalen Gesamtverfassung einbezogen werden, einer Verfassung nach dem bündischen Prinzip als dem Strukturprinzip von Staat und Gesellschaft.

Fazit

Diese kurze Analyse der verfahrenen Situation in der Ukraine mit höchst gefährlichen Spannungspotentialen zwischen Ost und West will mit Hilfe der psychologisch-politikwissenschaftlichen Theorie des Gradualismus einen Weg aufzeigen, der zu einer dauerhaften Friedensordnung und damit einer unumkehrbaren Partnerschaft mit Russland führt.

Erst wenn die gegenseitige Propaganda eingestellt ist, alle Sanktionen aufgehoben sind und Russland sich militärisch zurückgezogen hat, ist eine Vertrauensbasis geschaffen, in deren Klima Verhandlungen zum Erfolg führen. Wenn jeder der verhandelnden Akteure seinem Gegenüber misstraut, ist die notwendige vorurteilsfreie Verhandlungsgrundlage nicht gegeben. Vorurteilsgesteuerte Mentalitäten führen auf allen Seiten dazu, dass jeder Verhandlungspartner davon überzeugt ist, „daß sich die andere Seite als halsstarrig, unvernünftig und vollkommen egoistisch zeigen wird“ (Osgood, in: Krippendorf, 1970, 371 ff.). Ein solches Denken impliziert von vornherein ein Scheitern, noch bevor die Verhandlungen überhaupt begonnen haben. Verhandlungserfolg wird erst dann möglich, wenn das jeweilige „Ich versucht, die Natur und den Ort des eigenen ‚Standpunkts‘ genau so zu verstehen wie bei dem anderen.“ (ibid., 31). Die Verhandlungspartner müssen sich der grundsätzlichen Relativität ihres Urteils einschließlich deren Voraussetzungen bewusst sein. Pseudo-Logik muss einer intersubjektiv nachvollziehbaren Rationalität weichen.

Also, ohne die Schaffung einer wechselseitigen Vertrauensbasis kann der Konflikt nicht gelöst werden.

Die Ukraine muss davon überzeugt werden, dass eine Neutralisierung ihres Landes in ihrem ureigenen Interesse liegt. Ohne eine Neutralisierung wird es mit Moskau keinen Ausgleich geben. Ohne Neutralisierung wird der Konflikt unterschwellig weiter schwelen und kann jederzeit wiederaufleben. Ohne Neutralisierung hat die Ukraine keine Zukunft. Bei einer Neutralisierung dagegen wird die Ukraine sich zu einer prosperierenden Nation in einem positiven Umfeld mit ihren Nachbarn entwickeln.

Erst dann, wenn in dem hier skizzierten Sinne Vertrauen hergestellt sowie der Konflikt zwischen Russland und der Ukraine gelöst ist, kann eine andauernde, nachhaltige strategische Partnerschaft zwischen Russland und dem Westen erreicht werden. Erst dann kann über eine Freihandelszone von Lissabon bis Wladiwostok verhandelt, eine Modernisierung Russlands mit Hilfe des Westens eingeleitet und eine völlig neue Sicherheitsstruktur für Europa entworfen werden.

- Gelingen wird dies nur, wenn wir aufhören, uns misstrauisch zu belauern, anstatt uns offen und unvoreingenommen als gleichberechtigte Partner zu begegnen.
- Gelingen wird dies nur, wenn der Westen Russland gleichwertig in unsere gemeinsame Identität einbezieht, die unser europäisches Bewusstsein bestimmt.
- Gelingen wird dies nur, wenn wir Idee und Praxis, Vernunft und Vision zu einem Dialog der Übereinstimmung statt wie bisher der Gegensätze verbinden.

- All dies gelingt aber nur, wenn beide Seiten den Grundgedanken Richelieus (1585–1642) zur Maxime ihres politischen Handelns machen, Politik als Kunst zu verstehen, das Notwendige möglich zu machen. Das Notwendige heute ist zu allererst zwischen Ost und West ein Klima des Vertrauens zu schaffen.

2.4 Der Brexit

Prolog

Im zweiten Akt des Königsdramas Richard II. (1367–1400) lässt Shakespeare (1569–1616) den Oheim des Königs Johann von Gaunt (1340–1399) schwärmen:

„Die Insel mit des Königs Thron und Zepter,
Dies Land voll Majestät, der Sitz des Mars,
Ein zweites Eden, halt ein Paradies,
Das die Natur für sich als Festung schuf
Vor Volksverführern und dem Arm des Krieges;
Die wohlgeratenen Menschen, diese kleine Welt,
Dies Kleinod, in die Silbersee gefaßt,
Die ihm als Mauer oder Graben
Zu Diensten steht, wie um ein Haus zu schützen
Vor Feindschaft minder glücklicher Nationen,
Der holde Erdenfleck, dies Reich, dies England,
…
Dies von des Meeres Pracht umfaßte England,
…“

Vorbemerkung

Diese „Differenz ums Ganze" (Theodor Adorno) macht die Insel in Abgrenzung zum Festland aus. Durch die Jahrhunderte bis heute prägt die Politik Großbritanniens das Bewusstsein, anders zu sein als die Kontinentaleuropäer. Nur wenn die Sonderstellung in Gefahr geriet, verbündeten sich die Briten mit einer europäischen Macht, um gegen eine oder mehrere andere das Gleichgewicht wieder herzustellen.

Als herausragende Beispiele hierfür können die drei großen Kriege der letzten 225 Jahre genannt werden: der Krieg gegen Napoleon, der Erste und der Zweite Weltkrieg, letztere der zweite Dreißigjährige Krieg, wie Winston Churchill (1874–1965) formulierte. In diesen beiden Kriegen, wie auch im Irakkrieg, zeigte sich deutlich, dass für Großbritannien die besonderen Beziehungen zu den Vereinigten Staaten von Amerika Vorrang vor Europa haben.

Bis heute war und ist die politische Rangfolge: Erst das Commonwealth, dann die USA und danach an dritter Stelle Europa. Europa war ein naher, aber fremder Nachbar. Es gehörte nicht zur Familie.

Schon im Frieden von Utrecht von 1714, der den spanischen Erbfolgekrieg beendete, formulierte der britische Unterhändler Lord Bolingbroke (1678–1715) während der Friedensverhandlungen: „Seien wir allzeit eingedenk, daß wir Nachbarn des Festlandes sind, nicht aber Teil von ihm; daß wir Europa zugeordnet sind, ihm aber nicht angehören".

Übrigens spielte ein Vorfahre des britischen Unterhändlers in Utrecht im Drama Richard II. eine wichtige Rolle, Heinrich Bolingbroke, ein Sohn Johann von Gaunts.

In einem Essay „Die vereinigten Staaten von Europa“ klang das ähnlich, als Churchill 1930 in der *Saturday Evening Post* schrieb: „Wir haben unsere eigenen Träume und Aufgaben. Wir stehen zu Europa, gehören aber nicht dazu: wir sind verbunden, aber nicht enthalten; wir sind interessiert, aber nicht absorbiert; wir gehören zu keinem einzelnen Kontinent, sondern zu allen“.

Diese Zustandsbeschreibung entsprang dem Bewusstsein, eine Weltmacht zu sein, eine imperiale Großmacht mit einem weltumspannenden Commonwealth.

Die letzten 75-jährigen Beziehungen der Insel zum Kontinent sind ein Drama in drei Akten: Vor dem Beitritt – In der Gemeinschaft – Der Brexit.

Die Zeit von 1945 bis zum Beitritt 1973

An den Gedanken von 1930 knüpfte Winston Churchill an, als er in seiner berühmten Rede vor der akademischen Jugend in Zürich sprach. Dort forderte er am 19. September 1946, so etwas zu schaffen wie die „ Vereinigten Staaten von Europa“. Dies mache das Leben für „ Hunderte von Millionen schwer arbeitender Menschen wieder lebenswert“.

„Das Verfahren ist einfach“.

„Ich spreche etwas aus, das Sie in Erstaunen setzen wird. Der erste Schritt bei der Neugründung der europäischen Familie muß eine Partnerschaft zwischen Frankreich und Deutschland sein. Nur auf diese Weise kann Frankreich die moralische Führung Europas wieder erlangen. Es gibt kein Wiederaufleben Europas ohne ein geistig großes Frankreich

> und ein geistig großes Deutschland. Die Struktur der Vereinigten Staaten von Europa, wenn sie gut und echt errichtet wird, muß so sein, daß die materielle Stärke eines Staates von weniger großer Bedeutung ist. Kleine Nationen zählen ebenso viel wie große und erwerben sich ihre Ehre durch ihren Beitrag zu der gemeinsamen Sache".

Er warnte dann, es bleibe nur wenig Zeit, das Werk in Gang zu setzen. Man solle sofort beginnen, weil die „Geschütze schweigen".

> „Großbritannien, das Britische Commonwealth, das mächtige Amerika und, ich hoffe, Sowjetrußland – denn dann war in der Tat alles gut – müssen die Freunde und Förderer des neuen Europa sein und für sein Recht auf Leben und Glanz eintreten" (Europa-Dokumente, 1962, B3, 113 ff.).

Großbritannien will Europa wohlwollend in der Notwendigkeit unterstützen, sich zu vereinigen, will aber selbst nicht Teil davon sein.

In seiner vielbeachteten Rede wurde Churchill nicht konkret, wie er sich diese Vereinigten Staaten von Europa vorstellte. Deutlicher wurde dies, als das „Internationale Komitee zur Koordinierung der Bewegung für die Einheit Europas" zu einem Kongress im Haag vom 7. bis 10. Mai 1948 einlud. Die Tagung stand unter der Leitung von Churchills Schwiegersohn, Duncan Sandys (1908–1987). Es kamen mehr als 700 Delegierte aus 17 Staaten. Einig war man sich, dass die Staaten Europas zusammenarbeiten müssten. Dies war das kleinste gemeinsame Vielfache.

Der Kongress fiel in zwei Lager auseinander, in die Anhänger, die für einen supranationalen Bundesstaat plädierten und diejenigen, die für einen Staatenbund souveräner Staaten optierten. Diese Spaltung dauert bis heute an und ist mit ein Grund dafür, dass Großbritannien die Europäische Union verlassen hat.

Das Abschlusskommuniqué fand die Intergouvernementalisten gegenüber den Föderalisten in der Mehrheit. Das Hauptergebnis des Kongresses war die Gründung des Europarates 1949, eines Bundes souveräner Staaten (vgl. ibid., B7, 145 ff.).

Während der Verhandlungen über die Montanunion 1951 lehnte England das Angebot der sechs Gründerstaaten zur Teilnahme ab. Vor der Messina-Konferenz im Juni 1955, als es um die Verhandlungen zur Gründung der Europäischen Wirtschaftsgemeinschaft ging, reiste der belgische Außenminister Paul-Henri Spaak (1899–1972) nach London. Er sollte im Auftrag der sechs Mitglieder der EGKS die Briten zur Teilnahme einladen. Sein britischer Kollege erteilte ihm eine ziemlich arrogante Abfuhr mit den Worten: „ Es kann natürlich keine Frage sein, daß wir uns jemals einer supranationalen Organisation anschließen werden".

Bis Messina rechneten die Briten noch mit einem Scheitern der Verhandlungen. Nach einem Jahr im Mai 1956 einigten sich jedoch die sechs Außenminister auf einen Vertragstext zur Gründung der Europäischen Wirtschaftsgemeinschaft. Der Vertrag trat am 1. Januar 1958 in Kraft.

Dies änderte in Ansätzen die britische Haltung. Innerhalb der OEEC wurde auf britische Anregung eine Arbeitsgruppe mit dem Auftrag eingesetzt „die möglichen Formen und Methoden einer Assoziierung zwischen der vorgeschlagenen Zollunion und den daran nicht beteiligten Mitgliedstaaten der OEEC auf multilateraler Basis zu untersuchen" (zit. n. Keiser, Europa-Archiv, 1958, 10424).

Im Jahr 1960 wurde die Europäische Freihandelszone EFTA gegründet. Mittlerweile hatte die EWG erheblich an ökonomischer Dynamik zugelegt. Dagegen schwächelte Großbritanniens Wirtschaft. Schon im August 1961 stellte der Tory-Premier, Harold Macmillan (1894–1986), den Antrag für eine EWG-Mitgliedschaft. Dies war für die Briten die zweitbeste Lösung, wenn es nicht von außen stören konnte, wollte es von innen seine Interessen einbringen.

Nach Konsultationen mit den Regierungen der Commonwealth-Staaten und denen der EFTA-Staaten ermächtigte das britische Unterhaus die Regierung, einen Beitrittsantrag zu stellen. Die Bedingungen waren, Garantien auszuhandeln für die britische Landwirtschaft sowie die Interessen der EFTA-Partner und des Commonwealth. Hierin waren die Parteien Tory und Labour einer Meinung. „Die Regierung richtet [am 10.8.1961] an den Vorsitzenden des Ministerrates der EWG ein Gesuch um Beitritt zur EWG" (Europa-Archiv, 1961, Folge 17, Z 174). Die Mehrheit der Commonwealth-Staaten sprach sich auf einer Konferenz im September 1961 in London gegen einen Beitritt aus.

Charles de Gaulle (1890–1970) erläuterte auf einer Pressekonferenz am 14. Januar 1963 erstmals seine Skepsis über einen EWG-Beitritt Großbritanniens:

> „Zu den britischen Beitrittsverhandlungen mit der EWG erklärt de Gaulle, Großbritanniens wirtschaftliche Struktur unterscheide sich auf Grund seiner überseeischen Bin-

dungen und insularen Lage ganz erheblich von der EWG. Großbritannien müsse bei einem Beitritt auf jegliche Sonderrechte verzichten und sich allen Bestimmungen des Gemeinsamen Marktes anpassen. Außerdem müsse es die Verpflichtungen für nichtig erklären, die es mit Ländern der Freihandelszone eingegangen sei. Ein Beitritt Großbritanniens würde das Wesen der Europäischen Gemeinschaft beträchtlich ändern. Auf Grund der ‚unendlich langen' Beitrittsverhandlungen in Brüssel könne man aber auch zu dem Schluss kommen, daß Großbritannien noch nicht gewillt sei, der Europäischen Gemeinschaft beizutreten. Eine Assoziierung Großbritanniens an die EWG wird von de Gaulle befürwortet" (Europa-Archiv, 1963, Folge 3, Z 23).

Nachdem ein Vermittlungsversuch Deutschlands mit dem Ziel einer Fortführung der Verhandlungen auf der Ministertagung am 29. Januar 1963 von Frankreich abgelehnt worden war, waren die Beitrittsverhandlungen gescheitert. Premierminister Macmillan erklärte im Fernsehen, die französische Regierung habe entschlossen und ‚ziemlich brutal' das Ende der Verhandlungen herbeigeführt. Die gegenwärtige Regierung Frankreichs scheine anzunehmen, daß es eine Nation Europa beherrschen könne und daß Europa allein ohne Freunde und Verbündete bestehen bleiben könne. Großbritannien wolle gegenüber der EWG aber weiterhin eine konstruktive Haltung einnehmen und sich am Aufbau eines neuen Europa beteiligen" (ibid., Folge 4, Z 36).

Nachdem die Labour-Partei die Wahlen 1965 gewonnen hatte, stellte Königin Elisabeth II. in ihrer Thronrede fest, Großbritannien werde weiter auf eine Einigung Europas, die Stärkung der EFTA und die Zusammenarbeit mit der EWG hinwirken" (ibid., 1965, Folge 23, Z 222).

Im Mai 1967 stellte die Regierung Wilson den Antrag für die Aufnahme von Beitrittsverhandlungen mit der EWG. Gleichzeitig stellten auch Dänemark, Irland und Norwegen einen Antrag.

Im November 1967 erläuterte der französische Präsident seine ablehnende Haltung. Die fünf Akte sind eine Zusammenfassung der zehnjährigen Beziehung der EWG zu Großbritannien.

> „Der erste Akt war die Weigerung Londons, sich an der Ausarbeitung des Vertrages von Rom zu beteiligen.
> Der zweite Akt offenbarte die grundlegend feindliche Einstellung Großbritanniens zum Aufbau Europas, sobald dieser sich abzuzeichnen schien. Ich höre noch die Mahnungen, die mein Freund Macmillan, der damalige Premierminister schon im Juni 1958 in Paris an mich richtete, indem er den Gemeinsamen Markt mit der Kontinentalsperre [Napoleons] verglich und damit drohte, ihm zumindest den Zollkrieg zu erklären.
> Der dritte Akt bestand in anderthalbjährigen Verhandlungen Herrn Maudlings in Brüssel, die dem Zweck dienten, die Gemeinschaft den Bedingungen Großbritanniens zu beugen, und die ihr Ende fanden, als Frankreich seinen Partnern zu verstehen gab, daß es ich nicht darum handelte, sondern um genau das Gegenteil.
> Der vierte Akt, der in der ersten Zeit der Regierung Wilson spielte, war gekennzeichnet durch die Teilnahmslosigkeit Londons gegenüber dem Gemeinsamen Markt, durch die Aufrechterhaltung des Kreise der anderen sechs euro-

päischen Staaten um Großbritannien, mit dem sie die Freihandelszone bilden, und durch die Entfaltung großer Anstrengungen, die inneren Bindungen des Commonwealth wieder enger zu knüpfen.
Schließlich kam der fünfte Akt, in dem Großbritannien seine Kandidatur anmeldete und sich, damit sie angenommen würde, alle nur vorstellbaren Versprechungen und Beeinflussungsversuche einfallen ließ" (Europa-Archiv, 1967), Folge 24, D 559 f.).

Nach dem Scheitern des Verfassungsreferendums, dem darauf folgenden Rücktritt Charles de Gaulles 1969 und der Wahl Georges Pompidous (1911–1974) zum neuen französischen Staatspräsidenten änderte sich die Haltung Frankreichs allmählich. Auf der Gipfelkonferenz im Haag 1969 wurde der Weg frei für die Aufnahme von Verhandlungen mit Großbritannien, Dänemark, Irland und Norwegen. Die Beitrittsanträge wurden gestellt. Die Verhandlungen wurden mit der feierlichen Unterzeichnung des Vertrages am 22. Januar 1972 abgeschlossen. Ab 1. Januar 1973 bestand die EWG aus 9 Mitgliedern, da die Norweger in einem Referendum den Beitritt abgelehnt hatten.

Großbritannien in der Gemeinschaft

Als die Briten der Gemeinschaft beitraten, befand sich das Land in einer schwierigen ökonomischen Lage. Obwohl Großbritannien den Krieg gegen Deutschland gewonnen hatte und noch zu den Großen Drei zählte, schlug der Kriegsgewinn wirtschaftlich nicht zu Buche. Bereits 1958 hatte die Bundesrepublik Deutschland in der Wirtschaftsleistung Großbritannien überholt. Die deutsche Wirtschaft boomte, diejenige Großbritanniens schwächelte.

> „Nach Ansicht vieler Beobachter war Großbritannien auf dem besten Wege, der kranke Mann Europas zu werden" (Judt, 2006, 393).

Durch den Beitritt hatte sich an den beiden jahrhundertelang verfolgten Interessen der Briten nichts geändert. Die britische Politik war darauf gerichtet, über das Gleichgewicht in Europa zu wachen und die Dominanz eines europäischen Staates über die anderen zu verhindern. Zudem waren die Briten aus ihrer historischen Entwicklung heraus immer Freihändler mit dem Bestreben, Hindernisse für einen funktionierenden freien Handel möglichst vollständig zu beseitigen.

Auch als Mitglied der EWG/EU blieben sich die Briten in diesen Interessen treu. Zum einen verstanden sich die Briten als Gegengewicht zu einer deutsch-französischen Dominanz, zum anderen als Hüterin eines möglichst vollständig deregulierten Freihandels.

Nach meiner Einschätzung fand diese Haltung nirgends ungeschminkter ihren Ausdruck als in der Rede der vormaligen Premierministerin Margret Thatcher (1925–2013, am 20. September 1988 vor dem Europa-Kolleg in Brügge). Dort fand eine „rüde Abrechnung mit geheiligten Gemeinschaftsidealen" statt, wie eine Woche später „Der Spiegel" formulierte.

Nach einer historischen Rückblende über Erbe und Vermächtnis der europäischen Kultur, von der Großbritannien ein Teil sei, wies sie auf Beiträge hin, die Europa ihrem Land verdankte. Sie führte die Magna Charta von 1215 an als Ursprung der Entwicklung „repräsentativer Institutionen". Jahrhundertelang sei die Insel ein Zufluchtsort für Verfolgte von der Tyrannei auf dem Kontinent gewesen. Insbesondere seien die Briten immer wieder für die Freiheit Europas gestorben. Ohne „diese Bereitschaft zu kämpfen und zu sterben, wäre Europa schon lange vereint – aber nicht in Freiheit und nicht in Gerechtigkeit" (Europa-Archiv, 1988, Folge 24, D 682).

Nach dieser nicht „trockenen Chronik obskurer historischer Daten" entwirft sie die Zukunft Europas in fünf Leitsätzen:

1. „Bereitschaft zur aktiven Zusammenarbeit zwischen unabhängigen souveränen Staaten ist der beste Weg für den Aufbau einer erfolgreichen europäischen Gemeinschaft. Der Versuch, die nationale Souveränität abzuschaffen und die Macht im Zentrum eines europäischen Konglomerats zu konzentrieren, wäre außerordentlich schädlich und würde die Ziele in Gefahr bringen, die wir zu erreichen suchen" (ibid., 683).

Dieser Gedanke, anknüpfend an de Gaulles „Europa der Vaterländer", widerspricht jeder Art einer politischen Union, einer Föderalisierung, die notwendigerweise mit Souveränitätsverlust einhergehen muss. Von Churchill bis Johnson findet sich durchgängig die Aversion gegen „eine immer engere Union", wie es in den Präambeln der Verträge heißt.

2. „Die Gemeinschaftspolitiken müssen aktuelle Probleme auf praktische Weise angehen, so schwierig dies auch sein

> mag. Wenn wir die Gemeinschaftspolitiken, die offensichtlich falsch sind und zu Recht bei der Öffentlichkeit auf Ablehnung stoßen, nicht reformieren können, dann werden wir auch nicht die Unterstützung der Öffentlichkeit für die künftige Entwicklung der Gemeinschaft erhalten" (ibid., 684).

Zu Recht weist sie in diesem Zusammenhang auf die Landwirtschaft hin, die von Anfang an einer der problematischen Politikbereiche ist, weil Frankreich dort massive Interessen vertritt.

> 3. „Mein dritter Leitsatz ist die Notwendigkeit von Gemeinschaftspolitiken, die das Unternehmertum fordern, wenn Europa florieren und die Arbeitsplätze der Zukunft schaffen soll. Das grundlegende Rahmenwerk ist vorhanden. Der EWG-Vertrag selber war eine ‚Charta' für die wirtschaftliche Freiheit" (ibid.).

In diesem Leitsatz zeigt sich, warum die Briten in der Gemeinschaft sind. Sie wollen Europa wirtschaftlich entfesseln, von Regulierungen, Planungen, staatlichen Eingriffen jeder Art, von allem, was den Handel hemmt und den Markt nicht sperrangelweit öffnet. Die Fließgeschwindigkeit des Kapitals soll ungehindert seine volle Kraft entfalten, keinen Einschränkungen unterworfen sein. Kurzum: ein durch und durch neoliberales Projekt, so im Sinne der Gründungsväter sicher nicht gewollt.

> 4. „Mein vierter Leitsatz lautet, daß Europa nicht protektionistisch sein sollte. Die Expansion der Weltwirtschaft bringt die Notwendigkeit mit sich, daß wir den Prozeß der

Beseitigung von Handelshemmnissen fortführen und zwar im Rahmen der multilateralen Handelsverhandlungen des GATT. […] Wir müssen gewährleisten, daß unsere Einstellung zum Welthandel mit der Liberalisierung im Einklang steht, die wir zu Hause predigen" (ibid., 865 f.).

Mit diesem Leitsatz legt sie den Finger in die Wunde, darauf verweisend, wie sich EWG und EU teilweise gegen Drittländer abschotteten und sich so noch immer verhalten.

5. „Mein letzter Leitsatz betrifft die fundamentale Frage, die Rolle der europäischen Länder in der Verteidigung. Europa muß auch weiterhin durch die Nato eine sichere Verteidigung aufrecht erhalten."
[…]

„Das demokratische Modell einer freien Marktwirtschaft hat sich als das überlegene erwiesen; die Freiheit in der Offensive, einer friedlichen Offensive überall in der Welt, …".

„Lassen Sie uns ein Europa schaffen, das seine Rolle in der übrigen Welt spielt, das nach draußen und nicht nach innen blickt und das jene Atlantische Gemeinschaft – dieses Europa zu beiden Seiten des Atlantik – am Leben erhält" (ibid., 686 f.).

Zu diesem Zeitpunkt hat nicht nur Margret Thatcher geglaubt, der Kapitalismus habe endgültig über den Kommunismus gesiegt, und das westliche Modell sei das überlegene. Es war ein

Irrglaube. Nicht erst seit 2020 befindet sich die Demokratie in der Defensive.

Die Atlantische Gemeinschaft ist seit Donald Trumps „America first“ in der Gefahr, ihre stabilisierende Bedeutung für den Frieden und die Partnerschaft zu Europa zu verlieren.

Die Regierung John Major, in der Nachfolge von Margret Thatcher, war vielleicht im Ton etwas moderater, in der Sache aber ähnlich hart. In einer Rede vor der Konrad-Adenauer-Stiftung am 19. Februar 1997 in St. Augustin äußerte der vormalige britische Außenminister, Malcolm Rifkin, einige grundsätzliche Gedanken zum Verhältnis Großbritanniens und der EU:

In wesentlichen Punkten unterscheide sich die Sicht der Briten von den anderen vierzehn EU-Europäern, insbesondere auch von Deutschland. Unter Integration verstünden die Briten, alles wegzuräumen, was für einen funktionierenden Markt hinderlich sei.

> „Aber die wirtschaftliche Integration ist im wesentlichen ein natürlicher, organischer, marktabhängiger Prozess. Sie ist auch ein Prozess der Dezentralisierung. […] Bei politischer Integration in Europa geht es um Zentralisierung, nicht Dezentralisierung. Es ist die Rede von der Bündelung der Souveränität, was damit jedoch gemeint ist – um es ganz unverblümt zu sagen –, sind die Machtübertragungen von nationalen Regierungen auf EU-Institutionen, Mehrheitsentscheidungen, mehr Befugnisse für die Kommission. All das ist für Großbritannien nicht wünschenswert“ (Rifkin, 1997, 120 f.).

Der Traum vieler Europäer eines föderalen Superstaates in einer Nation, mit einer Währung, einer Flagge sei für Großbritannien ein Albtraum. Ein Machttransfer von den Mitgliedstaaten auf europäische Institutionen sei inakzeptabel. Die Legitimität liege bei den Nationalstaaten. Von daher könne der Bereich Justiz und Inneres auf weniger legitimierte Institutionen nicht ausgelagert werden.

Grundsätze wie „– die natürliche Evolution der Zusammenarbeit, Flexibilität und Subsidiarität – sind der Kernpunkt von Großbritanniens Vision von Europa als einer Partnerschaft der Nationen" (ibid., 13).

Tony Blair, der Nachfolger John Majors, versprach zwar, nachdem eine neue Generation in Großbritannien die Macht habe, seien die Zeiten der Konfrontation 14:1 und „der unerquicklichen Auseinandersetzungen der letzten 20 Jahre" endgültig vorbei. Aber auch er schließt sich den Vorwürfen seiner Bürger an, die Europäische Union sei zu zentralistisch, zu weit von den Bürgern entfernt und in der Wirtschaftspolitik zu bürokratisch (vgl. Blair, 1998, 103 ff.).

Bringt man eine 25-jährige Sozialisation der Briten in der Gemeinschaft auf den Punkt, so muss man feststellen, dass sich seit dem Beitritt die Haltung der Briten in zentralen Fragen nicht geändert hat.

Der Anfang vom Ende

Als David Cameron, seit 2010 britischer Premierminister, am 23. Januar 2013 seine europäische Grundsatzrede hielt, war Großbritannien bereits ein privilegiertes amputiertes Mitglied der Gemeinschaft.

- Es beteiligte sich nicht an der Währungsunion;
- es lehnte das Schengenabkommen ab;
- es verhinderte eine engere Zusammenarbeit in der Verteidigung (WEU);
- es konnte wählen, an welchen Gesetzen im Bereich Inneres und Justiz es sich beteiligte;
- es verhinderte Mehrheitsbeschlüsse, nicht nur in der Außenpolitik;
- es bestand weiter auf der 66-Prozent Rabatt-Regelung für seine Beitragszahlungen;
- es lehnte den Fiskalpakt für strengere Haushaltsdisziplin ab;
- es widersetzte sich jedem Fortschritt hin zu eine engeren politischen Union.

Nun verkündet er in seiner Rede, er wolle grundsätzlich mehr, nämlich das Verhältnis zur Union neu verhandeln.

Zunächst erinnert er an die Vergangenheit, was erreicht wurde, vor allem an die Sicherung des Friedens in Europa. Aber nun gehe es um die Sicherung des Wohlstandes in einer globalisierten Welt. Er beschreibt das Verhältnis der Insel zum Kontinent, historisch, geographisch, psychologisch. Er geht darauf ein, was die Briten seit Cäsar für Europa und umgekehrt die Kontinentaleuropäer für Großbritannien getan haben. Hier bewegt er sich ganz im Duktus seiner Vorgängerin Margret Thatcher in Brügge. Er verwahrt sich dagegen, dass die Briten weniger europäisch seien als die Menschen auf dem Kontinent. Er weiß auch, wo die größte Gefahr für eine Reform der Europäischen Gemeinschaft liegt. Es sind diejenigen, die neues Denken für Europa als Ketzerei diffamieren.

„More of the same will not secure along term future for the Eurozone. More of the same will not see the European Union keeping pace with the new powerhouse economies. More of the same will not bring the European Union any closer to its citizens. More of the same will just produce more of the same – less competitiveness, less growth, fewer jobs" (Cameron, 6).

Dann kommt er zu seiner Vision einer Europäischen Union, die für das 21. Jahrhundert fit wäre.

Auch er hat fünf Leitsätze parat:

1. Die Wettbewerbsfähigkeit
Der Binnenmarkt ist das Herz der EU, das größte britische Interesse an der EU. Die Unternehmen müssen von den Fesseln der Bürokratie befreit werden, um mit den USA, Japan oder Indien in einem global freien Handel agieren zu können.

„Can we carry on with an organisation that has a multi-billion pound budget but not enough focus on controlling spending and shutting programmes that haven't worked?" (ibid., 7).

2. Die Flexibilität
Wir benötigen eine Struktur, die an die Mannigfaltigkeit der Mitglieder angepasst ist – Nord, Süd, West, Ost, groß und klein, alt und neu. Einige von ihnen beabsichtigen, ökonomisch und politisch enger zu integrieren. Andere, wie auch Großbritannien, werden dieses Ziel niemals anstreben. Die EU muss in

Geschwindigkeit und Flexibilität wie ein Netzwerk und nicht wie ein Block arbeiten.

> „The vision of flexibility and co-operation is not the same as those who want to build an ever closer union – but it is just as valid“ (ibid., 10).

3. Rückübertragung von Macht
Im dritten Leitsatz formuliert er, dass die Macht an die nationalen Parlamente zurückfließen muss und nicht von ihnen weg. Was kann die EU als Ganze tun und wo sollte sie sich heraus halten. Länder sind unterschiedlich und treffen unterschiedliche Entscheidungen. Wir können nicht alles harmonisieren.

> „We believe in a flexible union of free member states who share treaties and pursue together the ideal of co-operation. To represent and promote the values of European civilisation in the world. To advance our shared interests by using our collective power to open markets. And to build a strong economic base across the whole of Europe“ (ibid.).

4. Legitimität

Im 4. Leitsatz kommt er nochmals auf den dritten zurück, wenn er mehr demokratische Verantwortung für die nationalen Parlamente einfordert. Dort nämlich liegt die wirkliche Quelle der Legitimität. Dort muss sie auch bleiben. Es gibt keinen europäischen Demos.

> „It is to the British Parliament that I must account on the EU budget negotiations, or on the safeguarding of our place in the single market. Those are the Parliaments which instil proper respect – even fear – into national leaders" (ibid., 11).

5. Fair play

Sein fünftes Prinzip heißt Fairness. Wenn in der Eurozone neue Vereinbarungen getroffen werden, müssen diese fair sein gegenüber denen, die Mitglied der Eurozone sind und denjenigen, die ihr nicht angehören.

> „Our participation in the single market, and our ability to help set its rules is the principal reason for our membership of the EU. So it is a vital interest for us to protect the integrity and fairness of the single market for all its members" (ibid., 11 f.).

Nach diesem Lobgesang auf den Freihandel und den Binnenmarkt formuliert er die Forderungen, die daraus folgen, wenn Großbritannien in der EU bleiben soll. Die öffentliche Desillusionierung der Briten befindet sich auf einem Allzeithoch, weil

- die EU sich in ihr nationales Leben einmischt;
- Urteile der europäischen Justiz sich auf britisches Leben auswirken;
- das Streben nach politischer Integration weit von britischer Vorstellung entfernt ist (vgl. ibid., 12 f.).

Schon diese wenigen Frustrationen verlangen danach, das britische Volk abstimmen zu lassen, ob es Mitglied der EU bleiben will oder nicht. Er selbst werde zwar das Referendum durchführen, sollte er im Juni 2015 die Unterhauswahlen gewinnen, aber gleichzeitig für den Verbleib in einer veränderten Union werben.

> „with courage and conviction I believe we can deliver a more flexible, adaptable and open European Union in which the interests and ambitions of all members can be met.
> With courage and conviction I believe we can achieve a new settlement in which Britain can be comfortable and all our countries can thrive.
> And when the referendum comes let me say now that if we can negociate such an arrangement, I will campaign for it with all my heart and soul.
> Because I believe something very deeply. That Britain's national interest is best served in a flexible, adaptable and open European Union and that such a European Union is best with Britain in it" (ibid., 19).

Die Europäische Union kommt den Briten weit entgegen. Besonders erstaunt, dass die anderen Mitgliedstaaten Cameron eine „formale, bindende und irreversible Garantie gegeben haben, dass Britannien sich nicht an „einer immer engeren Union“ beteiligen müsse. Dieser Präambelsatz in allen wichtigen Verträgen beschreibt die Finalitätsperspektive der Gründungsväter. Nach 40 Jahren britischer Mitgliedschaft erfüllt sich Charles de Gaulles Prognose, eine Mitgliedschaft Großbritanniens verändere den Charakter der Gemeinschaft.

Drei Zitate mögen illustrieren, mit welcher Überheblichkeit David Cameron sein Ziel verfolgte, an der Macht zu bleiben, denn das war der eigentliche Grund für das Referendum.

> „Die EU ist ein Werkzeug, das wir benutzen können, um die Macht unseres Landes in der Welt zu fördern und britische Interessen voranzubringen.“

Oder in Abwandlung des berühmten Kennedy-Zitats: „Frage nicht, was Britannien für Europa tun kann, frage, was Europa für Britannien tun kann“.

Oder: „Ich habe einen Deal verhandelt, um dem Vereinigten Königreich in der EU einen Sonderstatus zu geben“.

Das britische Volk stimmte mit der knappen Mehrheit von 51,89 Prozent für den Austritt. Trotz gewonnener Wahl verlor David Cameron die Macht. Großbritannien und die EU stürzten in tiefe Krisen.

Fazit

Am 25./26. Juni 2016 veröffentlichte die Süddeutsche Zeitung Reaktionen von Intellektuellen zum Ausgang des Referendums.

Der Vorsitzende der Gesellschaft „Historians for Britain", David Abulafia, Professor in Cambridge, fasst die Argumente der Befürworter zusammen.

Zunächst weist er auf die Besonderheiten Großbritanniens hin: ein anderes Rechtsverständnis, eine ungeschriebene Verfassung, fehlende Revolutionen seit dem 17. Jahrhundert. Hinzu kommt der fehlende Wille der EU, sich von Grund auf zu reformieren. Die fehlende Legitimation der bürokratischen Kommission. Die Einmischung des EuGH in Entscheidungen des demokratisch gewählten britischen Parlaments.

Schon im Oktober 2014 heben dieselben Historiker in einem offenen Brief in „The Times" die nationalen Interessen und die absolute Souveränität des britischen Parlaments hervor. Dort heißt es weiter, die EU habe sich „ über mehrere Jahre hinweg Macht und Befugnisse angemaßt, die nur den Regierungen jener Staaten zustehen sollten, aus denen die EU besteht. [...] Niemand hat das europäische Projekt adäquat erklärt, das die Politiker und Bürokraten, die eine immer engere Gesellschaft befürworten, den Mitgliedstaaten aufzwingen wollen. Dies ist unakzeptabel" (SZ, 15.6.2014).Weitere Argumente der Befürworter eines Austritts sind:

- Die EU zerstöre die Werte Europas, sie sei ein durch und durch neoliberales System, auf Zwang statt auf Regeln aufgebaut. Die gemeinsame Währung nutze vornehmlich Deutschland (Paul Mason, Journalist);

- Der Brexit sei eine gute Sache, weil die EU mit Besessenheit Währungen und Regeln harmonisiere und damit Innovationen verhindere (Lord Matt Ridley).

Während 30 000 gegen den Brexit demonstrieren, feierten Delegierte des Tory-Parteitages am 1. Oktober 2017 geradezu euphorisch das Ergebnis mit Slogans „Willkommen in der Freiheit", „Willkommen in der Souveränität". Ein Tory-Delegierter sah „die Sonne über einem freien Land aufgehen". Endlich war Großbritannien von den Fesseln der EU befreit.

Anders die Gegner eines Austritts.

Der schottische Historiker Martin Walker sieht in einem Votum für den Austritt einen Sieg der Vergangenheit über die Zukunft, der Alten über die Jungen, der Sun und der Mail über den Guardian, der Nativisten über die Kosmopoliten, Kleinengland über Großbritannien. „Die Folgen werden die schlimmsten, sicherlich für Großbritannien, vielleicht für England und sehr wahrscheinlich für jenes humane, vernünftige und demokratische Gebilde, das wir den Westen nennen".

Weitere Argumente:

- Noch stärker müssen wir uns an das Europa der Werte halten, die auf der Magna Charta gründen, den Ideen der Renaissance, der französischen Revolution, der deutschen Aufklärung und der griechischen Demokratie. Gemeinsam müssen wir für Recht und Demokratie, Freiheit und Toleranz eintreten (Jeremy Adler, Professor am Kings College).
- Der schlimmste Tag meines politischen Lebens (Timothy G. Ash, Professor).

- Einige der größten technologischen Erfolge Europas waren gemeinsame Arbeit europäischer Wissenschaftler. „In einer immer dichter vernetzten Welt brauchen wir mehr transnationale Harmonisierung“ (Martin Rees, Astrophysiker) (SZ, 25./26.6.2026).

Nachdem David Cameron zurückgetreten war, begann für seine Nachfolgerin Theresa May ein halbjähriges Schauspiel, des altehrwürdigen britischen Parlaments unwürdig. Zunächst glaubte die Premierministerin, sie könne ohne Zustimmung des Parlaments den Austritt vollziehen. Das höchste Gericht entschied anders.

Theresa May versuchte in einem dreijährigen Ringen, das Parlament von einem Abkommen mit der EU zu überzeugen. Es gelang ihr nicht. Schließlich musste sie Boris Johnson das Feld überlassen. Als neuer Vorsitzender der konservativen Partei gewann er mit überwältigender Mehrheit am 12. Dezember 2019 die Unterhauswahlen. Er setzte eine Mehrheit für den Austritt durch.

Am 31. Januar 2020 verließ Großbritannien nach 47 Jahren die Europäische Union.

Gleichermaßen bedeutete die Entscheidung der Briten eine historische Zäsur für sie selbst wie auch für die EU.

Der Preis der Teilhabe an einem ehrgeizigen europäischen Projekt bestand in der Abgabe von Souveränität. Diesen Preis wollten die Briten nicht zahlen. Ihr Glaube, in einer Welt zunehmender Abhängigkeiten neue Größe gewinnen zu können, ist ein Irrglaube. Sollte Großbritannien in einem Freihandelsabkommen nicht mehr in vollem Umfang die Vorzüge des Binnenmarktes genießen, wird es ökonomische Nachteile haben. Immerhin wurden bisher 44 Prozent des gesamten Außenhandels mit EU-Staaten abgewickelt.

Obwohl keine gemeinsame Außen- und Sicherheitspolitik der EU existiert, war schon die Möglichkeit gemeinsamer Beschlüsse zu weltpolitischen Problemen ein Gewinn für Großbritannien wie auch für die EU.

Nicht zu unterschätzen sind die innenpolitischen Spannungen, die durch den Austritt entstanden sind. Der Friede in Nordirland ist brüchiger geworden, insbesondere, wenn es zu einem harten Brexit kommt. Auch dass die drei Regionen Schottland, Wales und Nordirland für den Verbleib in der EU gestimmt haben, wird die innerbritischen Auseinandersetzungen verschärfen. Großbritannien könnte sogar auseinanderfallen.

Die Europäische Union wurde durch den Austritt Großbritannien ökonomisch geschwächt, hat aber politische Freiheitsgrade gewonnen. Die EU verliert einen der bedeutenden Nettozahler. Die Belastung der anderen Nettozahler wird dadurch stärker, obwohl sich dieses durch den Wegfall des gewährten Britenrabatt relativiert.

Nicht nur die Briten hatten politische Einwände gegen eine „immer engere Union". In diesem Punkt bleibt die Union auch ohne die Briten gespalten. Renationalisierungsbestrebungen sind offenkundig. Aber die Fraktion in der EU, die auch keine tiefere Integration will, hat mit Großbritannien ihren stärksten Widersacher verloren.

Auch bleibt die Frage offen, ob ohne die Briten Mehrheitsentscheidungen eher möglich sind.

Ein zentraler Punkt, von den Briten angemahnt, von vielen anderen Mitgliedsländern genau so empfunden, ist die Bürgerferne der EU.

Auch der Nachahmungseffekt ist nicht zu unterschätzen.

Mit und ohne Großbritannien befindet sich die EU in einer tiefen Systemkrise. Der Frage, ob die EU überhaupt reformfähig ist, gehen wir an anderer Stelle des Buches nach.

2.5 Das Virus des Nationalismus

Prolog

„Gut deutsch sein heißt sich eindeutschen. Das, worin man die nationalen Unterschiede findet, ist viel mehr, als man bis jetzt eingesehen hat, nur der Unterschied verschiedener Kulturstufen und zum geringsten Teil etwas Bleibendes (und auch dies nicht in einem strengen Sinne).
Deshalb ist alles Argumentieren aus dem National-Charakter so wenig verpflichtend für den, welcher an der Umschaffung der Überzeugungen, das heißt an der Kultur arbeitet. Erwägt man zum Beispiel, was alles schon deutsch gewesen ist, so wird man die theoretische Frage: was ist deutsch? sofort durch die Gegenfrage verbessern: was ist jetzt deutsch? – und jeder gute Deutsche wird sie praktisch, gerade durch Überwindung seiner deutschen Eigenschaften, lösen.
Wenn nämlich ein Volk vorwärts geht und wächst, so sprengt es jedes Mal den Gürtel, der ihm bis dahin ein nationales Aussehen gab. Bleibt es stehen, verkümmert es, so schließt

sich ein neuer Gürtel um seine Seele; die immer stärker werdende Kruste baut gleichsam ein Gefängnis herum, dessen Mauern immer wachsen. Hat ein Volk also sehr viel Festes, so ist dies ein Beweis, daß es versteinern will und ganz und gar Monument werden möchte, wie es von einem bestimmten Zeitpunkt an das Ägyptertum war.
Der also, welcher den Deutschen wohlwill, mag für seinen Teil zusehen, wie er immer mehr aus dem, was deutsch ist, hinauswachse. Die Wendung zum Undeutschen ist deshalb immer das Kennzeichen der Tüchtigen unseres Volkes gewesen" (Friedrich Nietzsche, *Menschliches, Allzumenschliches*).

Vorbemerkung

Die Gefahr ist unübersehbar. Die Coronakrise hat dem Nationalismus, der sich schon länger ähnlich eines Virus in Europa ausbreitete, neue Schubkraft verliehen. Er ist nicht zuletzt deshalb so gefährlich, weil er weltweit Rückendeckung erfährt. Es gibt so etwas wie einen kosmopolitischen Nationalismus. Hier will ich mich auf Europa beschränken.

Seit dem historischen Umbruch von 1989 machen wir zunehmenden Nationalismus aus. Nicht nur die deutsche Wiedervereinigung „Deutschland einig Vaterland" deutet in diese Richtung, sondern auch die neu gewonnene Freiheit der ostmitteleuropäischen Länder. Diese Staaten versuchen mit Hilfe des Nationalismus an alte Identifikationsmuster anzuknüpfen und diese zu verstärken. Nach außen wird mit dem Ausspielen der nationalen – vielfach auch nationalistischen – Karte neues Selbstbewusstsein demonstriert.

Einen Höhenpunkt nationalistischer Absolutsetzung erlebten wir mit der Wahl von Donald Trump zum US-amerikanischen Präsidenten mit seiner Parole „America first“. In vielen Teilen der Welt hat er seine Anhänger gefunden.

Um mich der Ideologie des Nationalismus anzunähern, versuche ich in gebotener Kürze zwei Fragen zu beantworten:

1. Was ist eine Nation?
2. Welche Rolle spielt der Nationalismus bei der Bildung einer Nation?

Mit der dritten, damit zusammenhängenden Frage „Was kann Europa dem Nationalismus entgegensetzen?“ beschäftige ich mich im Kapitel *Zur Neugründung Europas.*

1. Was ist eine Nation?

Der Begriff Nation ist komplex, vielschichtig, geschichtsträchtig und wirkungsmächtig. (vgl. in Teilen Übernahme aus Böttcher, 2011, 9 ff.)

In seiner sprachlichen Ableitung scheint er noch klar, indem er auf die Geburt verweist (*natio* von *nasci*, geboren werden).

Der Geburtsort, die Herkunft des Menschen ist geprägt durch eine spezifische Landschaft, die dort herrschende Sprache. Lingua, Zunge, Gezunge waren Synonyme für Nation. Dadurch entstanden Abgrenzungen gegen andere Nationen, ein Verständnis für Eigensein und damit Identifikation.

In der römischen Antike (vgl. Schulze, 1999, 108–126) wurde der Begriff für bestimmte Gruppen eines Volkes benutzt, so etwa von Marcus Tullius Cicero (106–43 v. Chr.) für die Aristokraten. Plinius der Jüngere (ca. 61–113) verwendete „natio" für eine Philosophen-Schule.

Im Hoch- und Spätmittelalter erfolgte eine weitere Ausdifferenzierung des Begriffs. So wurden im 13. Jahrhundert Studierende der Universität Paris nach Nationen eingeteilt, die gallische, die normannische, die englische, die picardische (Artois, französisch Flandern, Wallonie). Die Einteilung erfolgte also nach Sprachgruppen. Zum Beispiel gehörten zur gallischen Nation die Franzosen, die Italiener, die Spanier, die Griechen, zur englischen Nation die Engländer, die Deutschen, die Polen, die Skandinavier. 100 Jahre später gab es an der Universität Orléans schon 10 Nationen, auch die „nation germanique", also Studierende aus dem „Heiligen Römischen Reich Deutscher Nation." Otto der Große gründete 962 sein „Imperium Romanum", 1157 mit dem Zusatz „sacrum" (heilig) versehen, und 1442 erhält es den Zusatz „nationes germanicae". 1806 ging dieses Reich unter (vgl. Komlosy, 1994, 17).

Auf dem Konzil von Konstanz (1414–1417) wurde erstmals auf einer internationalen Konferenz nicht mehr nach Köpfen sondern nach Nationen abgestimmt. Dies hatte den Vorteil, dass der Einfluss der Italiener mit den meisten Kardinälen eingeschränkt wurde. Von nun an gehörten sie zur italienischen Nation mit nur einer Stimme.

Auch die verschiedenen Volksstämme wie zum Beispiel die Franken, Langobarden und Burgunder wurden als „nationes" bezeichnet, also als einer bestimmten Sprachgemeinschaft zugehörig. Bis heute haftet dies im kollektiven Gedächtnis kleiner Völker, die in einen Nationalstaat freiwillig oder zwangsweise aufgenommen wurden. So verstehen sich die Schotten, die Basken, die Kurden, die Bretonen u. a. als Nationen. Jüngst wurde Europa durch das Bestreben einer katalanischen Bewegung aufgeschreckt, sich von Spanien zu trennen. Nur mit Unverständnis kann man die Reaktion der Europäischen Union verfolgen, die dieses Bestreben als rein spanische innere Angelegenheit abgetan hat. Es fehlt ihr offenbar die Sensibilität und Weitsicht dafür, wie sehr europaweit das Thema „Europa der Regionen" virulent ist.

Im grammatisch-kritischen Wörterbuch der hochdeutschen Mundart besteht für Johann Christoph Adelung (1732–1806) eine Nation aus den „eingeborenen Einwohnern eines Landes, sofern sie einen gemeinsamen Ursprung haben und eine gemeinschaftliche Sprache reden, sie mögen übrigens einen einzigen Staat ausmachen oder in mehreren verteilt seyn" (Adelung bei Hermanns, 2003, 28).

Ein gutes Beispiel dafür ist die Nation der Kurden, die auf mehrere Staaten (Türkei, Irak; Iran, Syrien) verteilt ist. Dies führt natürlich zu erheblichen Spannungen mit den Mehrheitsgesellschaften, weil auch die Kurden nach einem eigenen Staat streben. Solange z. B. die Türkei nicht bereit ist, ein Volk der Kurden innerhalb des türkischen Nationalstaates gleichberechtigt anzuerkennen, wird Gewalt gegen die Unterdrückung immer wieder aufflammen. Mehr Autonomie für die Kurden könnte die Lage entschärfen. Aber auch das wäre keine endgültige Lösung. Diese könnte nur in einer Umwandlung des türkischen Zentralstaates in eine Bundesrepublik Türkei liegen. Auch die Lösung für Katalonien läge in weniger spanischen Zentralismus und mehr föderaler Selbstständigkeit der Regionen.

Drei wichtige historische Einschnitte haben das Selbst- und Fremdverständnis von Nation grundlegend verändert: die Übersetzung der Bibel durch Martin Luther (1483–1556), der Westfälische Friede von 1648 und die Französische Revolution von 1789 mit der „Neuordnung" Europas nach 1815.

Wenden wir uns zunächst der Übersetzung der Bibel (1522–34) und deren Einfluss auf ein neues Nationenverständnis im „Heiligen Römischen Reich Deutscher Nation" zu. Dieses Ereignis ist eng verbunden mit der Entstehung und Entwicklung einer deutschen Nationalsprache (vgl. Schulze, 1999, 143 ff.).

Der Reformator Luther hat mit seiner Bibelübersetzung wohl am intensivsten zur Verbreitung der deutschen Sprache (sächsich-meißnisch) beigetragen. Seine Absicht war es, dem Wort Gottes, bis dahin exklusiv für eine kleine Latein verstehende Schicht zugänglich, zum Allgemeinverständnis zu verhelfen. Möglichst alle Gläubigen sollten das Wort Gottes unmittelbar ohne Interpretation eines priesterlichen Übersetzers verstehen. Die Bibel wurde zum „Lesebuch der Nation". Von seiner Schrift *An den christlichen Adel teutscher Nation* waren innerhalb von acht Tagen 4000 Exemplare verkauft, die zweite Auflage erschien bereits eine Woche nach der ersten" (ibid.). Ähnliches galt für seine anderen Schriften.

Diese erstaunliche Verbreitung seiner Gedanken in so verhältnismäßig kurzer Zeit war nur durch die revolutionäre Erfindung des Buchdrucks mit beweglichen Lettern möglich. Welches Erstaunen die Kunst Johannes Gutenbergs (ca. 1397–1468) ausgelöst hat, kann man einem Brief von Enea Silvio Piccolomini (1405–1464) vom 12. März 1455 an den spanischen Kardinal Juan de Carvajal (ca. 1400–1469) in Rom entnehmen. Piccolomini war zu der Zeit Sekretär von König Friedrich III. (1415–1493), später wurde er zum Papst gewählt und nahm den Namen Pius II. an.

In seiner bemerkenswerten Gutenberg-Biographie zitiert Albert Kapr (1918–1995) Piccolomini: „Über jenen zu Frankfurt gesehenen erstaunlichen Mann ist mir nichts Falsches geschrieben worden. Vollständige Bibeln habe ich nicht gesehen, vielmehr einige Quinternen mit verschiedenen Büchern (nämlich der Heiligen Schrift) in höchst sauberer und korrekter Schrift ausgeführt, nirgendwo nachgemacht; deine Gnade würde sie mühelos und ohne Brille lesen können. Von mehreren Gewährsmännern erfuhr ich, dass 158 Bände fertiggestellt seien; einige versicherten sogar, es handele sich um 180. Über die Zahl bin ich nicht ganz sicher; an der Vollendung der Bände zweifele ich nicht, wenn man (diesen) Leuten Glauben schenken kann (Kapr, 1987, 168). Piccolomini bedauert dann, dass es ihm wohl nicht gelingen werde, ein Exemplar zu erstehen, „sowohl wegen der langen Wegstrecke als auch, weil, wie man berichtet, noch vor Vollendung der Bände habe es (für sie schon) bereitstehende Käufer gegeben“ (ibid.). In dem Zusammenhang sind zwei Datierungen interessant, nämlich der Termin der Auslieferung der Bibel 1454 und die Auflagenhöhe.

Luther verstand unter „teutscher Nation“ die geistlichen und weltlichen Herren, ganz im Sinne seiner Zeit. Auch Montesquieu (1689–1755) formulierte noch mehr als 100 Jahre später im „Geist der Gesetze“ (1748): „Oft wurde die Nation versammelt, d. h. die Herren und Bischöfe.“

Auf der einen Seite hat Luther durch die Verbreitung der deutschen Sprache zu einem gemeinsamen deutschen Kulturverständnis entscheidend beigetragen. Auf der anderen Seite hat er aber auch durch die Kirchenspaltung und den im Augsburger Religionsfrieden von 1555 festgelegten Grundsatz „cuius regio, eius religio" (wessen Region, dessen Religion) das Recht der Landesherren, ihren Untertanen die Religionsausübung vorzuschreiben, und damit die Spaltung in kleine Territorialstaaten (ca. 300) und in freie Reichsbesitztümer (ca. 1500) provoziert. Darin liegt ein wichtiger Grund, dass Deutschland in der Entwicklung zu einer Staatsnation im Gegensatz zu übrigen Ländern Westeuropas erheblich zurückgeworfen wurde. England und Frankreich hatten schon sehr früh, nämlich spätestens im ausgehenden Mittelalter begonnen, Staat und Nation miteinander zu verbinden, mit dem Ziel, zu einer Einheit zu gelangen.

Nach dem Westfälischen Frieden von Münster und Osnabrück (1648) hatte sich für staatliches Zusammenleben endgültig das Ständeprinzip durchgesetzt. „[...] die Reichsstände erhielten die Hoheit in ihren Territorien und das Recht untereinander sowie mit fremden Mächten Bündnisse einzugehen" (Schulze, 1999, 145). Der Begriff „Deutsche Nation" wurde zwar nach wie vor in seiner politischen Ausprägung benutzt, darunter gab es aber eine Vielzahl von Nationen (ibid.) Das westfälische System war geprägt durch seine Territorialität und deren Bestandswahrung durch militärisch geschützte undurchlässige Grenzen. International war die Anerkennung des Prinzips der Nichteinmischung in die inneren Angelegenheiten die notwendige Bestandsgarantie von außen.

Das Prinzip der Nichteinmischung in die inneren Angelegenheiten wurde als wichtiger Grundsatz auch in die Charta der Vereinten Nationen aufgenommen. Mehr oder weniger hatte es auch Bestand. Mit der Bombardierung Belgrads durch die NATO im Jahre 1999 ohne UN-Mandat ging zwar der Westfälische Frieden zu Ende, aber die Fragen blieben offen. Wer entscheidet über die „Pflicht zur Intervention?“ Wer legt die Grenzen fest, ob und wann es moralisch gerechtfertigt ist, innerstaatliche Konflikte von außen zu regeln? Wann, wenn überhaupt, ist es gerechtfertigt, Menschenrechte zu verletzen – etwa durch das Bombardement Belgrads mit 1300 Toten, um Menschenrechte zu schützen? Das Völkerrecht hat darauf keine Antworten gefunden. Es wird sie auch solange nicht finden, solange sich Staaten anmaßen, den Maßstab für die „Pflicht zur Intervention“ aus ihren eigenen machtpolitischen Interessen, unabhängig von der Völkergemeinschaft, zu bestimmen.

Die Historiker unterscheiden drei Nationenkonzepte: Die Staatsnation, die Kulturnation und die Willensnation.

Den Unterschied zwischen Staatsnation – z. B. Frankreich und England – und Kulturnation – z. B. Deutschland und Italien – hat der Berliner Historiker Friedrich Meinecke (1862–1954) herausgearbeitet.

Für Meinecke sind Nationen „große, mächtige Lebensgemeinschaften, die eine historisch lange Entwicklung hinter sich haben: gemeinsamer Wohnsitz [...], gemeinsame oder ähnliche Blutmischung, gemeinsame Sprache, gemeinsames geistiges Leben, gemeinsamer Staatsverband oder Föderation gleichartiger Staaten [...]“ (Meinecke, 1917, 1 f.).

In Anlehnung an Alfred Kirchhoff (1838–1907)unterscheidet auch er „Kultur- und Staatsnationen“, „in solche, die vorzugsweise auf einem irgendwelchen gemeinsam erlebten Kulturbesitz beruhen, und solche, die vorzugsweise auf der vereinenden

Kraft einer gemeinsamen politischen Geschichte und Verfassung beruhen."

Gemeinsprache, gemeinsame Literatur und gemeinsame Religion sind die wichtigsten Kulturgüter, die eine Kulturnation schaffen und zusammenhalten [...].

Denn, was zunächst die Staatsnationen betrifft, so werden sie ja nicht geschaffen durch den Selbstbestimmungsdrang der Nationen, sondern auch durch die stillwirkende Arbeit des Staates und durch das politische Zusammenleben in demselben Staatsverbande, also durch ein langsames säkulares Wachstum. Man kann den Moment nicht angeben, wo sie geboren werden; man kann nur sagen, daß da, wo ein reges, dauerhaftes, nach innen und außen hin wirksames politisches Gemeinschaftsgefühl vorhanden ist, die Einwohnerschaft eines Staates zur Staatsnation und der Staat zum Nationalstaat geworden ist [...].

Was aber die Kulturnation dieser älteren Zeit betrifft, so zeigt sich ihr vegetativer Charakter schon darin, daß sie nicht von sich aus den Drang hat, Staatsnation zu werden und einen sie umfassenden Nationalstaat sich zu schaffen" (ibid., 3).

Meinecke idealisiert die Entstehung von Staatsnationen, die angeblich historisch eher durch „stillwirkende Arbeit des Staates" als vielmehr oft durch rohe Gewaltanwendung entstanden sind. Insbesondere trifft dies auf territorial verstreute Völker in einer Staatsnation zu, die sich als Nation verstehen, aber als Minderheiten nur selten die gleichen Rechte wie die Mehrheitsgesellschaft genießen und oft einer Zwangsintegration unterworfen werden. Mehrheitsgesellschaften sehen oft Minderheiten als Gefahr, wo sie doch für jede Gesellschaft eine Bereicherung sind. Verstreute Völker haben es in ihrer Bildung einer Nation nicht leicht.

Eric Hobsbawn (1917–2012) weist denn auch darauf hin, dass Nationen lediglich ein Instrument für die Herrschaftseliten sind, um die eigene Interessenlage besser durchsetzen zu können. Er verknüpft stringent Nation und Nationalismus, wenn er formuliert: „Nicht die Nationen sind es, die Staaten und Nationalismus hervorbringen, sondern umgekehrt. [...]

Aus diesem Grunde sind Nationen nach meinem Dafürhalten Doppelphänomene, im wesentlichen von oben konstruiert, doch nicht richtig zu verstehen, wenn sie nicht auch von unten analysiert werden, d. h. vor dem Hintergrund der Annahmen, Hoffnungen, Bedürfnisse, Sehnsüchte und Interessen der kleinen Leute, die nicht unbedingt national und noch weniger nationalistisch sind" (Hobsbawn, 1991, 21 f.).

Der vormalige Mainzer Historiker Hans Buchheim (1922–2016) verortet die Geburtsstunde der Kultur- und Staatsnation in das 18. Jahrhundert. Den Begriff „Staatsnation" führt er auf Emmanuel-Joseph Sieyès (1748–1836) zurück. In seiner 1789 verfassten Streitschrift „Was ist der Dritte Stand?" überschrieb dieser das Kapitel 1 mit dem apodiktischen Satz: „Der Dritte Stand ist eine vollständige Nation" (Sieyès, 1924, 36). Am Ende des Kapitels fasst er zusammen: „Was ist eine Nation? Eine Gesamtheit von vereinigten Individuen, die unter einem gemeinsamen Gesetz stehen und durch dieselbe gesetzgebende Versammlung vertreten sind" [...]. „Der Dritte Stand umfaßt also alles, was zur Nation gehört, und alles, was nicht der Dritte Stand ist, darf sich nicht zur Nation gehörend betrachten. Was ist also der dritte Stand? Alles" (ibid., 40).

Hier wird die Verbindung zum Staatsbegriff hergestellt. Zur Zeit der Französischen Revolution ist Frankreich bereits Einheits- und Territorialstaat. Zum Nationalstaat wurde das Land, weil es die souveräne Monarchie durch die Volkssouveränität ersetzte. Aus Untertanen des Königs wurden gleichberechtigte, selbstbewusste Staatsbürger (vgl. Buchheim, 1995, 60 ff.). In diesem Zusammenhang ist es interessant, wie sehr der Dritte Stand sich eher als Nation denn als Volk verstand. Bis dahin wurde der Begriff Nation mit Vornehmheit assoziiert. Nation war etwas Erhabenes. Erst mit der zentralen Kategorie der Volkssouveränität, von Jean-Jacques Rousseau (1712–1778) in seinem „Du Contrat Social" (1762) begründet, wandelte sich der Volksbegriff ins Positive (vgl. Rousseau, 1796, u. a. 54). Mit zunehmender Emanzipation des dritten Standes und seinem Anspruch, an der Macht beteiligt zu werden, gewinnt der Begriff Volk einen eigenständigen Charakter und verliert allmählich seine Minderwertigkeit gegenüber dem Begriff Nation. Die Romantik überhöhte dann endgültig den Volksbegriff zu einer „ästhetischen Kategorie."

Mit fortschreitender Demokratisierung – Durchsetzung freier, gleicher, geheimer Wahlen als Herrschaftsbeteiligung durch Übertragung – gewinnt der Volksbegriff zusätzliche Qualität. Volk und Souverän verschmelzen zur Volkssouveränität, zur Demokratie als Staatsform. Wenn wir heute von den Völkern Europas sprechen, dann bedeutet das mehr als nur die Nationen in ihren Nationalstaaten.

Als drittes Nationenkonzept wollen wir noch auf die *Willensnation* von Ernest Renan (1823–1892) eingehen (vgl. Renan, 1882/2013, 439 ff.). In seiner am 11. März 1982 an der Sorbonne gehaltenen Rede *Was ist eine Nation?* führt er fünf Gründe an, die selbst gemeinsam für die Bildung einer Nation nicht ausreichen. Damit widerspricht er in Teilen den bis dahin gängigen Vorstellungen von Nation.

„Ethnographische Gesichtspunkte spielen also bei der Entstehung der modernen Nation keine Rolle." Die Rasse hat mit der Zusammensetzung der Landkarte Europas nichts zu tun.

Ähnliches gilt für ihn bei der Sprache. „Die Sprache lädt dazu ein, sich zu vereinigen, sie zwingt nicht dazu." Als Beispiel führt er die Schweiz an, die trotz ihrer vier Sprachen eine „wohlgelungene" Nation ist.

„Auch die Religion kann uns keine hinreichende Grundlage geben, um darauf eine moderne Nation zu errichten." Mit dem Verlust als Staatsreligion ist Religion Privatsache, und jeder kann nach „seiner Façon selig werden."

Auch gemeinsame Interessen, trotz eines starken Bandes zwischen Menschen, reichen für eine Nationenbildung nicht aus. „Ein Zollverein ist kein Vaterland." Oder, wie es der vormalige Kommissionspräsident Jacques Delors einmal formulierte: „Wer verliebt sich denn schon in einen Binnenmarkt?"

Selbst die Geographie mit „natürlichen Grenzen", der Boden, schafft noch keine Nation. In diesem Zusammenhang scheint es interessant, das Wort „Grenze" im Sprachgebrauch durch das Wort „Verbindungslinie" zu ersetzen. Dies unterstützt einen ethnokulturellen Nationenbegriff ohne den stringenten wie ein Korsett wirkenden nationalstaatlichen Rahmen.

Für Renan ist eine Nation „eine Seele, ein geistiges Prinzip". Vergangenheit und Gegenwart machen diese Seele aus. Erinnerungen an ein reiches Erbe und der Wille, in der Gegenwart zusammen zu leben. Renans Idee von einer Nation ist eine „Willensnation".

„Eine Nation ist also eine große Solidargemeinschaft, getragen von dem Gefühl, Opfer, die man gebracht hat, und der Opfer, die man noch bringen will. Sie setzt eine Vergangenheit voraus und lässt sie in der Gegenwart in eine handfeste Tatsache münden: in Übereinkunft, den deutlich geäußerten Wunsch, das gemeinsame Leben fortzusetzen. Das Dasein einer Nation ist [...] ein Plebiszit Tag für Tag, [...]. Aber: „Die Nationen sind nichts Ewiges. Sie haben einmal angefangen, sie werden einmal enden."

Nachdem wir Nation kurz historisch verortet haben, gehen wir nun auf die Frage ein, ob die Nation den Nationalismus oder umgekehrt der Nationalismus die Nation zeugt. Unstreitig ist, dass wir es bei dieser Frage mit dem Nationalstaat zu tun haben, wie er nach der Französischen Revolution entstanden ist, mit der Gleichsetzung von Staat und Nation.

Die Rolle des Nationalismus bei der Nationenbildung

> „Der Nationalismus ist eine Doktrin, die sich zu Beginn des 19. Jahrhunderts in Europa entwickelte" (Kedourie, 1971, 7).

Für die führenden Nationalismusforscher wie u. a. Eugen Lemberg, Elie Kedourie, Benedict Anderson, Eric Hobsbawn, Ernst Gellner, Dieter Langewiesche und Hans-Ulrich Wehler ist der Nationalismus eine Folge der ersten Moderne. Die Diskussion des engen Zusammenhangs zwischen Nationalismus, industrieller Revolution, Ökonomie, Kapitalismus und Moderne erleichtert unser Verständnis des heutigen Weltbildes. Auch schließen wir uns der Auffassung an, dass der Nationalismus eine Erfindung des Westens ist. Allerdings blieb er nicht auf den Westen beschränkt, sondern entwickelte sich zum „Treibstoff" für die Emanzipation der kolonisierten Völker.

Wir berücksichtigen nicht die zweite in der Forschung vertretene These, die den Nationalismus als ein universelles, immer schon dagewesenes Phänomen, als ein Urphänomen betrachtet. Es versteht sich von selbst, dass wir in einem Buchkapitel die hohe Komplexität des Begriffs mit seinen ineinandergreifenden historischen, kulturellen, ökonomischen, individual- und sozialpsychologischen Facetten nicht auflösen können. Es geht uns vielmehr darum, einen Arbeitsbegriff zu gewinnen, mit dem wir dann umgehen können.

Versuchen wir nun, die Spur dieses massenwirksamen Phänomens der letzten ca. 250 Jahre zu verfolgen. Hierbei steht im Vordergrund das Janusgesicht des Nationalismus. Der doppelköpfig dargestellte Gott Janus der römischen Mythologie blickt wie der Nationalismus nach zwei Seiten. In der einen Richtung erkennt er den Nationalismus als notwendige „Bindekraft" für Funktionsfähigkeit und Erhalt einer Nation. In der anderen Richtung sieht er den Nationalismus als aggressiven Nationalegoismus in rigoroser Abgrenzung zu allem, was nicht eigen ist. Beachten müssen wir allerdings, dass Janus immer gleichzeitig in beide Richtungen schaut, es also nicht möglich ist, den Patriotismus als „guten" Nationalismus vom „bösen" zu trennen. Wenn wir hier trotzdem den Versuch machen, diese Gleichzeitigkeit aufzuheben, so ist dies nur ein Kunstgriff für die Analyse.

Schauen wir zuerst in die eine Richtung. Eine große Gruppe von Menschen, die sich über bestimmte Merkmale einander zugehörig fühlt, bedarf zur Festigung ihres Zusammenhalts nach innen und zur Abgrenzung nach außen des Nationalismus als Integrationsideologie. Der Nationalismus als Bindekraft integriert „nationale und quasi-nationale Großgruppen" und gibt „den nationalen Gemeinschaften und Ordnungen einen so starken Zusammenhalt, ja, eine Art Persönlichkeitscharakter" (Lemberg, 1964, 20 f.).

Die nationale Gemeinschaft, die durch den Nationalismus geschaffen und zusammengehalten wird, existiert nur durch vorbehaltlose Hingabe der Individuen an diese Gemeinschaft. Diese individualpsychologische Seite des Nationalismus ist für dessen Funktionsfähigkeit wichtig. Jedes Individuum leitet sein Selbstwertgefühl nicht zuletzt aus der Zugehörigkeit zu einer größeren Gruppe ab. Die Hingabe an ein Kollektiv dient der „Selbstbehauptung, Selbstrechtfertigung und Selbstüberhöhung." Das Bedürfnis nach Schutz, Geborgenheit, Vertrautheit, Aufgehobensein in einem größeren Ganzen ist dem Menschen als einem gesellschaftlichen Wesen eigen. Je nach Lage kann diese Hingabe manipuliert und ausgenutzt werden, bis zur Bereitschaft, das eigene Leben für die gemeinsame Sache zu opfern. Das kollektive Interesse bei entsprechender Verpackung hat immer Vorrang vor den individuellen Bedürfnissen. So definiert Isaiah Berlin (1909–1997): „Nationalismus [ist] die Erhebung des Interesses der Einheit und Selbstbestimmung der Nation zum höchsten Wert, dem im Konfliktfall alle anderen Erwägungen untergeordnet werden müssen" (Berlin bei Kohler, 1990, NZZ). Nur die Religion in ihrer Hochzeit beanspruchte in ähnlicher Weise die totale Loyalität des Individuums. In diesem Sinne ist Nationalismus eine Quasi-Religion. Hingabe an die Nation wird durch Abgrenzung gegenüber anderen Nationen verstärkt. Peter Glotz (1939–2005) formuliert in „melancholischer“ Weise: „Eine Nation ist eine Gruppe von Menschen, die durch einen gemeinsamen Irrtum hinsichtlich ihrer Abstammung und eine gemeinsame Abneigung gegen ihre Nachbarn geeint sind“ (Glotz, 1990, 41).

Das Eigene und das Fremde sind die Klammern, die den Nationalstaat mit seiner nationalistischen Doktrin nicht nur zeugen, sondern auch zusammenhalten. Ohne die Abgrenzung gegenüber dem Fremden, verbunden mit Vorurteilen, ist der Nationalismus kaum zu verstehen, wenn er denn überhaupt rational zu fassen ist.

Minderwertigkeitskomplexe und deren Kompensation spielen eine zentrale Rolle für eine Gruppenidentifikation. Hier sind wir, dort die anderen. Die Beziehung zwischen diesen beiden Polen bestimmt Gefühlsleben und Weltbild des Einzelnen. Die Vorzüge oder Nachteile der eigenen Gruppe gegenüber einer anderen erzeugen Gefühle der Über- resp. Unterlegenheit (vgl. Lemberg, 1964, Bd. 1, 16 ff.). Fühlt die eine Gruppe sich einer anderen Gruppe unterlegen, weil die eigene weniger politische Macht hat, ökonomisch rückständiger, damit ärmer ist, auf einer niedrigeren Zivilisationsstufe steht, so sucht dieses Unterlegenheitsgefühl sofort eine Kompensation. Zum Beispiel wird die eigene Gruppe dafür als kulturell höher stehend, moralisch edler, reiner in der Abstammung, frommer im wahren Glauben oder ähnlich bewertet. So stellt die eigene Gruppe ihr Selbstwertgefühl wieder her. Der Einzelne, der sein eigenes Selbstwertgefühl über die Gruppe herleitet, reagiert auf die Herabsetzung der Gruppe empfindlicher als auf seine eigene Demütigung. Lemberg weist auf den ungarischen Psychologen Oliver Brachfeld (1909–1967) hin, der in seinem Beitrag über „Minderwertigkeitsgefühle" (zit. n. Lemberg, 1964, Bd. 1, 28). den „Zusammenhang zwischen Selbstwertgefühl des Einzelnen und einer Kompensation durch Gruppenzugehörigkeit" erforscht hat. Besonders interessant erscheint seine These, wie überraschend ähnlich der nationalistische Charakter der Kompensationsbestrebung bei Juden, Faschisten, Nationalsozialisten und Farbigen sei.

Wie sehr der Nationalismus in der einen Richtung als Katalysator der ersten Moderne im 19. Jahrhundert notwendig war, so problematisch ist seine zweite Richtung: Abschottung, Fremdenfeindlichkeit, Erzeugung von Feindbildern, Absolutsetzung der eigenen Nation u. ä.

Wie es allerdings scheint, ist die Überbewertung des Eigenen und die Herabsetzung des Anderen, des Fremden keine Erfindung des 19. Jahrhunderts, sondern eine Grundbedingung menschlichen Zusammenlebens. In diese Richtung argumentieren die Forscher, die den Nationalismus als ein universelles Problem verstehen.

Die in Nationen eingeteilten Pariser Studenten im 13. Jahrhundert beschreiben sich gegenseitig voller Vorurteile, wie Lemberg Kardinal Jakob von Vitry (1180–1240) zitiert:

> „Die Engländer nannten sie Trunkenbolde und Schwanzträger, die Franzosen hochmütig, weich und weibisch, die Deutschen bezeichneten sie als wütend und bei ihren Zechgelagen als unanständig, die Normannen als hohl und prahlerisch, die Leute aus Poitou als hinterlistig und wetterwendisch. Die aber aus Burgund stammten, galten ihnen als

> dumm und einfältig, die Bretonen jedoch schätzten sie als leichtsinnig und unstet ein. Ihnen werfen sie den Tod Arthurs vor. Die Lombarden galten als habsüchtig, bösartig und unkriegerisch, die Römer als aufsässig, gewalttätig und geldschneiderisch, die Sizilianer als tyrannisch und grausam, die Brabanter als Blutmenschen, Brandstifter, Räuber und Gewalttäter, die Flamen nannten sie üppig, verschwenderisch, der Esslust frönend, weich wie Butter und träge. Und wegen solcher Beschimpfungen gingen sie oft zu Prügeleien über“ (v. Vitry zit. bei Lemberg, 1964, Bd. 2, 65).

Was bei diesem Zitat auffällt, ist die rein negative Typisierung des Fremden. Nicht eine einzige positive Zuschreibung wird gemacht. Das Fremde wird abgelehnt, verspottet, diskriminiert, sicher nicht zuletzt zwecks Aufwertung des Eigenen. Bei den gegenseitigen Vorurteilen der Pariser Studenten oder gar bei Dante Alighieri (1265–1321), der von „den gefräßigen Teutonen“ schreibt, handelt es sich eher um einen Ethnozentrismus.

Etwa 750 Jahre später hört sich eine Beschreibung der Deutschen aus britischer Sicht kaum anders an. Die vormalige britische Premierministerin Margret Thatcher (1925–2013) hatte gemeinsam mit ihrem Außenminister Douglas Hurd sechs Deutschland-Experten auf den Landsitz nach Checkers eingeladen, um die Folgen der deutschen Wiedervereinigung zu diskutieren.

Ihr Privatsekretär protokollierte das vertrauliche Gespräch, das mit einer Beschreibung der „Deutschen als solche“ begann:

„Wie andere Nationen hätten sie bestimmte Merkmale, die in der Vergangenheit festzustellen gewesen wären, und von denen man auch erwarten könne, sie in Zukunft vorzufinden. Es sei einfacher – und für die gegenwärtige Diskussion wichtiger – an die weniger glücklichen zu denken: ihre Insensibilität gegenüber den Gefühlen anderer [...], ihre exzessive Beschäftigung mit sich selbst, ein starker Hang zum Selbstmitleid und eine Sehnsucht danach, geliebt zu werden."

Als feste Bestandteile des deutschen Charakters wurden einige noch weniger schmeichelhafte Eigenschaften aufgeführt. In alphabetischer Reihenfolge: „Angst, Aggressivität, Egoismus, Minderwertigkeitskomplex, Sentimentalität, penetrante Rechthaberei, Tyrannenhaftigkeit." Zwei weitere Eigenschaften des deutschen Charakters wurden genannt, die man künftig werde fürchten müssen: Erstens die Fähigkeit zum Exzess, Dinge zu übertreiben, über die Stränge zu schlagen. Zweitens die eigene Stärke und die eigenen Fähigkeiten zu überschätzen." (The Independent, 13.7.1990, in: Bielefeld 1998, 208).
Besonders bedenklich und auffällig ist die Annahme, die erwähnten Eigenschaften der Deutschen seien unveränderbare Züge des deutschen Charakters. Lernfähigkeit wird den Deutschen weder zugetraut noch zugebilligt.

Ethnozentrismus ist durch ideologische Aufblähung im 19. Jahrhundert, begünstigt durch den revolutionären industriellen Umbruch in Nationalismus, umgeschlagen.

Ein treffendes Beispiel liefert die Verteufelung Frankreichs in der deutschen Romantik (Vgl. Wehler, 62 ff.). Die deutsche Nation ist „ein auserwähltes Werkzeug und Volk Gottes" (Friedrich Schleiermacher, 1768–1834). Der Deutsche ist vom Weltgeist erwählt. Die Deutschen sind die „Griechen der Neuzeit" (Friedrich Schiller, 1759–1805). Für Wilhelm von Humboldt (1776–1835) ist Deutschland „Eine Nation, Ein Volk, Ein Staat." Alle Deutschsprechenden im Herzen Mitteleuropas sollen vereinigt sein. „So weit die deutsche Zunge klingt [...]. von der Nordsee bis zu den Karpaten, von der Ostsee bis zu den Alpen, von der Weichsel bis zur Schelde" ein einig Vaterland (Ernst Moritz Arndt, 1769–1860).

Besonders aggressiv verurteilt man den „Erbfeind" Frankreich. Freiherr vom Stein (1757–1831) prangerte den „moralischen Schmutz" der „scheußlichen französischen Nation" an. Nur mit „Hass und Feindschaft" könne man der „Eitelkeit, Arroganz, Prahlerei und Grausamkeit" dieser „verhassten Nation" begegnen (Carl von Clausewitz, 1780–1831). Friedrich Schlegel rief zu einem „gänzlichen Vernichtungskrieg" gegen „die verderbte Nation" auf. Arndt wollte das „Franzosenungeziefer" vertilgen. „Ich lehre meinen Sohn diesen Hass. Ich werde mein ganzes Leben arbeiten, dass die Verachtung und der Hass auf dieses Volk die tiefsten Wurzeln in deutschen Herzen schlägt."

Kein Wunder, dass diese „pathologische Besessenheit" von 1870–1945 in drei Überfällen Deutschlands auf Frankreich, in drei unvorstellbar grausamen Kriegen geendet hat. Genau so unvorstellbar ist es, dass Frankreich und Deutschland nun schon seit 1949 eine fast gleich lange Zeit in enger Vertrautheit, ja Freundschaft miteinander umgehen.

Aber die „pathologische Besessenheit", die in die beiden Ur-Katastrophen vom ausgehenden 19. Jahrhundert bis in die erste Hälfte des 20. Jahrhunderts führte, scheint seit 1989 wieder zuzunehmen. In Europa, und nicht nur dort, breitet sich eine nationalistische Paranoia geradezu epidemisch aus. Die Gallionsfigur dieses überbordenden Nationalismus ist der US-amerikanische Präsident mit seinem aggressiven Isolationismus, ja, fast schon Chauvinismus. Er hat den Nationalismus in Europa gefährlich verstärkt und hoffähig gemacht.

Nachdem die Mehrheit der Wahlmänner, wenn auch nicht die Mehrheit der Wähler, Donald Trump zum Präsidenten gewählt haben, bricht nicht nur in Amerika eine neue Ära des Ultranationalismus aus. Noam Chomsky, der weltbekannte kritische Intellektuelle, spricht in mehreren Interviews vom „Showman", von den „Gangstern", von der „Abrissbirne der Demokratie" im Weißen Haus. „Die einzige Ideologie, der er folgt, ist er selbst" (vgl. z. B. Interview im ORF, 19.4.2017/Youtube, 19.4.2020).

Stephen Greenblatt beschreibt in seinem jüngsten Buch meisterhaft die Charakterzüge eines Machtmenschen – zwar am Beispiel Richard III. (1452–1485) von William Shakespeare (1564–1616), verweist aber im Untertitel auf die „Machtkunde für das 21. Jahrhundert". Die Charakterzüge solcher Machtmenschen sind:

> „die grenzenlose Selbstliebe, das Brechen von Gesetzen, die Lust am Zufügen von Schmerz, das zwanghafte Bedürfnis, Überlegenheit zu spüren. Er ist ein pathologischer Narzisst und im höchsten Maße arrogant. Er verfügt über eine groteske Anspruchshaltung und hat nie einen Zweifel daran, dass er tun kann, was er will. Er brüllt gerne seine Befehle und sieht, wie seine Untergebenen sie hastig ausführen. Er erwartet unbedingte Loyalität, ist aber unfähig zur Dank-

barkeit. Die Gefühle anderer bedeuten ihm nichts. Er hat keinen natürlichen Anstand, keine Vorstellung von Mitmenschlichkeit, kein Schamgefühl.
[…]. Er teilt die Welt in Sieger und Verlierer ein. Die Sieger erwecken seine Anerkennung, sofern er sie für seine Zwecke nutzen kann, die Verlierer erregen nur seinen Spott. Das Gemeinwohl ist etwas, von dem nur Verlierer reden. Er redet lieber von Gewinnern.
[…]. Er liebt es, andere zu demütigen und zu quälen. Leicht reizbar, schlägt er nach jedem, der ihm in den Weg kommt. […] Er hat ein Talent dafür, Schwäche zu erkennen und versteht es, Spott und Beleidigung auszuteilen. […]
Zum Besitz von Macht gehört die Beherrschung von Frauen, aber er verachtet sie weit mehr, als dass er sie begehrt. Sexuelle Eroberung erregt ihn, aber nur als endlos wiederholter Beweis, alles haben zu können, was er will. Er weiß, dass die, die er begrapscht, ihn hassen. […]
Früher oder später wird er zu Fall gebracht. Er stirbt ungeliebt und unbeweint. Er hinterlässt nur Zerstörung (Greenblatt, 2019, 65 f.).“ Ein Hoffnungsschimmer.

Solche Charakterzüge treffen auch auf Donald Trump zu. Sie sind gepaart mit einem Ultranationalismus. Sie zerstören die atlantische Ordnung, wie sie nach 1945 aufgebaut wurde. Wie es im November 2020 scheint, hat das amerikanische Volk sich, uns und die übrige Welt von diesem Albtraum befreit. Die USA kehren zurück zur Zivilisation.

Aber längst hat die nationalistische Paranoia Europa und Teile der Welt erreicht, auch schon vor Trump. Seine autokratischen Anhänger fühlen sich durch ihn gestärkt und vertreten zunehmend ohne Scham ihren antidemokratischen Standpunkt. Populistische Parteien, die geliebten Kinder des Nationalismus, sind seit 1989 ein fester Bestandteil der Parlamente in Europa. Zwei Beispiele will ich herausgreifen, Polen und Ungarn, weil dort Parteien die Regierung bilden, deren Werte westlich-demokratischen Überzeugungen nicht mehr entsprechen.

Der vormalige polnische Außenminister, heute EU-Parlamentarier, Radek Sikorski, hat im EU-Observer ein Interview zur politischen Lage in Polen gegeben. Er wirft dem PIS-Führer Jaroslaw Kaczynski vor, die Demokratie in Polen auszuhöhlen. Seine Vorstellung von Polen entspreche einer römisch-katholischen Diktatur nach den Mustern Francos (1892–1975) in Spanien und Salazars (1889– 1970) in Portugal. Er sei ein Mann von „Law and Order“, ein Traditionalist. „He doesn't have an internet account. He doesn't have a driver's licence. He's never been abroad, except as prime minister, and he lives alone with his cat“ (Rettman, 8.5.2020, 2).

Die Europäische Union betrachtet die Entwicklung in Polen mit großer Sorge, vor allem den Angriff auf das polnische Justizwesen, um es unter die Kontrolle der PIS zu bringen. Sikorsky fürchtet, die EU könne selbst mit einem Vertragsverletzungsverfahren Polen nicht stoppen. Polen wie Ungarn schützten sich gegenseitig, da z. B. der Entzug des Stimmrechts durch den Rat der Staats- und Regierungschefs einstimmig erfolgen müsse. Dies gibt Polen und Ungarn, aber auch anderen Staaten eine gewisse Narrenfreiheit.

Polen ist auf dem Wege zu einer illiberalen Demokratie. Ungarn hat schon eine Wegstrecke zurückgelegt.

Als am 25. April 2010 Victor Orbán mit seiner Partei Fidesz (Bund junger Demokraten) in Koalition mit der KDNP (Christdemokratische Volkspartei) eine Mehrheit mit zwei Dritteln der Parlamentssitze gewann, begann eines der dunkelsten Kapitel der jüngeren EU-Geschichte.

Bei der Siegesfeier verkündete er seinen Anhängern: „Eine Ordnung kann man nicht verändern, man kann sie nur umstürzen und eine neue errichten". Dieses Alarmzeichen politischer Sprache verhallte, wurde nicht ernst genommen oder gar nicht gehört. Mit welcher Konsequenz Orbán die politische Ordnung Ungarns umstürzte, um eine neue zu errichten, wird uns zunehmend erschreckend bewusst.

Wer die zehn Jahre seiner Machtergreifung in einem liebenswürdigen Land der Europäischen Union verfolgt, kann Schritt für Schritt beobachten, wie in einem vom Kommunismus befreiten Land ein illiberales, hybrides Regime entsteht. Ungarn wird in allen Richtungen zentralisiert: die Medien kontrolliert, der angeblich illoyale Beamtenapparat gesäubert, die Verfassung nach Belieben angepasst, die Gerichte und Staatsanwaltschaften gleichgeschaltet, die Nichtregierungsorganisationen drangsaliert, die Minderheiten diffamiert, die Sozialstaatsmaßnahmen und Arbeitnehmerrechte eingeschränkt, das Wahlgesetz so manipuliert, dass schon 40 Prozent der Wählerstimmen eine Zweidrittelmehrheit im Parlament sichern, das zur „Abnickmaschine" degeneriert.

Der nicht akzeptable Höhepunkt europäischen Fehlverhaltens zeigte sich jüngst. Mit der Begründung der Coronakrise ließ sich Orbán per Parlamentsbeschluss bestätigen, dass er unbegrenzte Zeit per Dekret regieren kann. Ein Ermächtigungsgesetz, das uns an die dunkelsten Zeiten europäischer Geschichte erinnert.

Es verwundert nicht, dass die illiberalen Demokraten versuchen, zuerst die Hoheit über das Recht zu erlangen. Denn das Recht ist das Rückgrat einer freien Gesellschaft, ob es sich um nationales oder europäisches Recht oder Völkerrecht handelt. Ein Angriff auf das Recht ist auch immer ein Angriff auf die Demokratie. Der Wert des Rechts misst sich an der Fähigkeit, Urteile zu sanktionieren. Recht ist nicht alles im Zusammenleben der Menschen und Staaten, aber ohne Recht ist alles nichts.

Wie sehr Ungarn und Polen das Recht missachten und parteipolitisch instrumentalisieren wollen, zeigt sich gerade im November 2020. Sie nehmen 25 EU-Mitglieder in Geiselhaft, indem sie mit einem Veto drohen sowohl bei der Verabschiedung des nächsten Haushalts als auch bei der Freigabe für die dringend notwendigen Mittel zur Bewältigung der Corona-Krise. Grund: Sie wollen verhindern, dass die Vergabe von EU-Geldern an die Einhaltung europäischen Rechts geknüpft wird.

> „Lösen wir Staat und Recht und Vernunft voneinander, dann fehlt uns jeder Kompass für die humane und kluge Gestaltung des 21. Jahrhunderts“ (Beck, 2012, 36).

2.6 Die Natur als Politikum – Umwelt und Klimakrise

Prolog

„Mögen wir uns auch für einzigartig halten, so sind wir doch wahrscheinlich ebenso wie jedes andere Säugetier genetisch auf einen natürlichen Lebensraum mit reiner Luft und abwechslungsreicher grüner Landschaft programmiert. Entspanntsein und Sichgesundfühlen bedeuten normalerweise nichts anderes, als den Körper in einer Weise reagieren zu lassen, für die er in einer Entwicklung von hundert Millionen Jahren eingerichtet worden ist. Physisch und genetisch scheinen wir am besten in der tropischen Savanne angepaßt zu sein, aber als kultiviertes Tier machen wir uns die erlernte Anpassung an das Stadtleben zunutze. Durch Jahrtausende haben wir uns bemüht, in unseren Häusern nicht nur das Klima, sondern auch die Szenerie unserer evolutionsgeschichtlichen Vergangenheit zu imitieren: Wir schaffen uns eine feuchtwarme Luft, pflegen Blattpflanzen und lassen sogar Tiere als Hausgenossen mit uns leben. […]. Die spezifischen physiologischen Reaktionen auf natürliche Schönheit und Mannigfaltigkeit, auf Formen und Farben (besonders das Grün) der Natur, auf die Bewegungen und Laute anderer Tiere sind uns bisher noch nicht recht verständlich, es liegt jedoch auf der Hand, daß die Gegenwart der Natur in unserem Alltag als eines unserer dringenden biologischen Bedürfnisse anzusehen ist“ (Iltis, Andrews, Loucks zit. b. Ehrlich, 269).

Vorbemerkung

Wahrscheinlich wird unsere Zeit einmal als ein Wendepunkt in die Geschichte der Menschheit eingehen. Das klingt zwar dramatisch, ist es aber auch. Wir merken, dass die Natur unsere Jahrtausende alte Ausbeutung nicht länger erträgt. An den spürbaren Klimaveränderungen und aus dem wissenschaftlichen sowie öffentlichen Diskurs darüber vernehmen wir, dass die Erde aus ihrem natürlichen Gleichgewicht gerät. Mit der Ressourcenvernichtung leben wir schon lange über unsere Verhältnisse. Ein Ausdruck dafür ist die jährliche Berechnung der „Organisation Global Footprint Network", die den Tag angibt, an dem wir die Ressourcen, die die Natur zur Verfügung stellt, aufgebraucht haben. Anders gewendet heißt das, die globale Nachfrage nach natürlichen Ressourcen überschreitet die Fähigkeit der Erde, weitere Ressourcen auf nachhaltige Weise (also nachwachsend) bereit zu stellen. 2020 fiel dieser Tag auf den 22. August. Ab diesem Zeitpunkt leben wir auf Pump (vgl. Utopia). Schon allein dieser so genannte Erdüberlastungstag (Earth Overshoot Day) sollte uns zur Umkehr veranlassen.

Ich komme später darauf zurück.

Mit dem Historiker Lynn White jr. von der Universität California bin ich der Auffassung, dass die ausbeuterische Haltung des abendländischen Menschen in der christlich-jüdischen Tradition begründet ist.

Nachdem Gott Himmel und Erde geschaffen hatte, wollte er einen Menschen nach seinem Ebenbild schaffen: „Lasset uns Menschen bilden nach unserem Ebenbild, uns ähnlich; sie sollen herrschen über des Meeres Fische, über die Vögel der Luft, über das Vieh, über alle Landtiere und über alle Kriechtiere am

Boden". Dann schuf er Mann und Weib und sprach: „Pflanzet euch fort und mehret euch und füllet die Erde und machet sie euch untertan ..." (Hamp, Genesis, 26–28,2).

Damit begann die Zerstörung des heidnischen Animismus, als der Mensch die Geister in der belebten Natur um Erlaubnis fragen musste, wenn er in „ihre Territorien – Bäume, Quellen, Flüsse und andere Naturobjekte" eindringen wollte.

> „Das Christentum machte es durch die Zerstörung des heidnischen Animismus dem Menschen möglich, die Natur ohne innere Anteilnahme an den Empfindungen der Geschöpfe auszubeuten" (White, zit. b. Ehrlich, 256).

Hiermit hängt eng der zunächst von den Europäern kultivierte Fortschrittsglaube zusammen, der ausschließlich an quantitativem Wachstum orientiert ist.

> „Man kann ohne weiteres sagen, daß Wissenschaft und Technologie ihre historischen Wurzeln in der natürlichen Theologie und im christlichen Dogma von des Menschen rechtmäßiger Herrschaft über die Natur haben. Deshalb [...] dürfen es vergebliche Hoffnungen sein, mit denen so viele ihre Blicke auf Wissenschaft und Technik als die Retter aus der gegenwärtigen [1972!] ökologischen Krise richten" (Ehrlich, 257).

Wissenschaftliche Erkenntnisse

Fast einstimmig gehen ernstzunehmende Klimaforscher davon aus, dass der heute festzustellende Klimawandel anthropogene Ursachen hat. Am zunehmenden Treibgas in der Atmosphäre kann dies festgestellt werden:

> „Der Treibhauseffekt ist ein ganz natürlicher Vorgang – Wasserdampf, Kohlendioxyd und Methan kommen von Natur aus seit jeher in der Atmosphäre vor. Der Treibhauseffekt ist sogar lebensnotwendig. Ohne ihn wäre unser Planet völlig gefroren. Die ankommende Sonnenstrahlung pro Quadratmeter Erdoberfläche beträgt 342 Watt. Etwa 30 % davon werden reflektiert, es bleiben 242 Watt/qm, die teils in der Atmosphäre, teils von Wasser- und Landflächen absorbiert werden. Ein Körper, der die Strahlenmenge abhält, hat nach dem Stefan-Boltzmann-Gesetz der Physik eine Temperatur von -18 Grad Celsius; wenn die Erdoberfläche im Mittel diese Temperatur hätte, würde sie gerade soviel abstrahlen, wie an Sonnenstrahlung ankommt. Tatsächlich beträgt die mittlere Temperatur an der Erdoberfläche +15 Grad Celsius. Die Differenz von 33 Grad wird vom Treibhauseffekt verursacht, der daher erst das lebensfreundliche Klima auf der Erde möglich macht. Der Grund der Sorge über die globale Erwärmung liegt darin, dass der Mensch diesen Treibhauseffekt verstärkt“ (Rahmstorf/Schellenhuber, 31 f.).

Bis zur Industrialisierung hielt die Natur die ankommende kurzwellige Sonnenstrahlung und die Reflexion der langwelligen Infrarotstrahlung in einem tolerablen Gleichgewicht. Dieses wird nun durch den Menschen mit dem CO_2-Ausstoß vor allem aus der Verbrennung fossiler Brennstoffe massiv gestört.

Schon 1824 beschrieb der französische Mathematiker und Physiker Charles Fourier (1772–1837) modellhaft den Treibhauseffekt, ohne den Begriff zu verwenden.

1834 schrieb Alexander von Humboldt (1769–1859) in seinem Buch „Central-Asien über den Menschen und das Klima“: Durch das „Fällen der Wälder, durch Veränderungen der Verteilung der Gewässer und durch die Entwicklung großer Dampf- und Gasmassen an den Mittelpunkten der Industrie“ verändere der Mensch das Klima.

1860 wies der irische Physiker John Tyndall (1820–1893) nach, dass vor allem Wasserdampf und CO_2 das Klima beeinflussen.

1896 rechnete der schwedische Nobelpreisträger Svante Arrhenius (1859–1927) aus, eine Verdoppelung des CO_2-Gehalts in der Atmosphäre führe zu einer Temperaturerhöhung um 4 bis 6 Grad Celsius.

Ab 1930 wird in der Fachliteratur der Zusammenhang der Klimaerwärmung mit dem Anstieg des CO_2-Gehalts durch die Industrialisierung diskutiert, also seit 90 Jahren (!) (vgl. Ramstorf/Schellenhuber, 29).

> „Im Rahmen des internationalen geophysikalischen Jahres (IGY) 1957/58 gelang der Nachweis, dass die CO_2-Konzentration in der Atmosphäre tatsächlich ansteigt; Isotopenanalysen zeigten zudem, dass der Anstieg durch Kohlenstoff aus der Nutzung fossiler Brennstoffe verursacht wurde – also vom Menschen“ (ibid.).

Auch das ist schon mehr als 60 Jahre her, dass wir wissen: der Mensch verursacht Klimaveränderungen. Es steht außer Zweifel, dass die CO2-Werte in der Atmosphäre kontinuierlich ansteigen. Die Maßeinheit ist ppm (parts per million). In den 1970er-Jahren stiegen die CO2-Werte um ca. 0,7 ppm jährlich, in den 1980er Jahren lag der Wert bei 1,6 ppm jährlich. Im letzten Jahrzehnt lag der Wert schon bei 2,2 ppm jährlich (vgl. Latif, 56).

Als 1982 der Ölmulti Exxon in einer Studie, die er unter Verschluss hielt, die globale Erwärmung voraussagte, betrug der CO2-Anteil in der Atmosphäre 344 ppm. 1988 wurde der UNO-Weltklimarat (IPCC) bei einem CO2-Wert von 348 ppm gegründet. 1992 wurde in Rio de Janeiro die Klimakonvention vereinbart. Erstmals wurde der Klimawandel politisch als eine von Menschen gemachte Bedrohung anerkannt. Die CO2-Werte lagen bei 355 ppm. Völkerrechtlich verbindliche Zielwerte für den CO2-Ausstoß wurden von 191 Staaten im so genannten „Kyoto-Protokoll“ festgeschrieben, der CO2-Wert lag bei 360 ppm. Als das Protokoll 2005 in Kraft trat, lag der CO2-Wert bei 375 ppm. 2007 wurde der Weltklimarat mit dem Friedensnobelpreis gewürdigt. Der CO2-Anteil in der Atmosphäre betrug 381 ppm. Im Jahre 2015 wurde auf der 21. UN-Klimakonferenz vereinbart, die Klimaerwärmung auf 1,5 Grad zu begrenzen. Man war sich bewusst, dies könne nur gelingen, wenn bis 2050 die Emissionen von Treibhausgas auf null zurückgeführt würden. Der CO2-Anteil betrug zu der Zeit 397 ppm. Auf der 24. Weltklimakonferenz in Katovice 2018 warf die 15-jährige Greta Thunberg den anwesenden Delegierten vor: „Ihr seid nicht reif genug, um die Wahrheit zu sagen“. Der CO2-Wert lag bei 411 ppm (vgl. Wadsak, 52 ff.).

Aus Bohrkernen aus dem Eispanzer der Antarktis kennen wir die CO_2-Konzentration der letzten 800000 Jahre. Sie schwankte zwischen 200 und 300 ppm. In weniger als 100 Jahren ist der Wert um mehr als 50 Prozent angestiegen. Wir blasen über dreißig Gigatonnen, 30 000 000 000 Tonnen, in die Luft, und zwar jährlich. Etwa 30 Prozent sind nach 30 Jahren, weitere 30 Prozent sind nach hundert Jahren abgebaut. Das letzte Drittel belastet sogar 1000 Jahre lang unsere Atmosphäre (vgl. ibid., 36 f., 54).

Kursorisch zu den Folgen

Falls wir Menschen uns nicht doch noch im letzten Moment besinnen und unser Verhalten radikal ändern, lassen sich die Hauptfolgen der anthropogen verursachten klimatischen Veränderungen so andeuten:

- Die *Gletscher* als besonders sensible Indikatoren schwinden rapide, so die arktischen Gletscher auf Island, Grönland und Alaska, von den Alpengletschern ganz zu schweigen. Anzeichen deuten darauf hin, dass bei einer globalen Erwärmung die meisten Gebirgsgletscher ganz verschwinden.
- Der *arktische Ozean* am Nordpol, der im Mittel von einer ca. zwei Meter dicken Eisschicht bedeckt ist, schrumpft kontinuierlich. Im September 2012 war er mit ca. 3,5 Quadratkilometern nur noch halb so groß wie in den 1970/80er Jahren.
- In Gebirgsregionen und polaren Breiten war der Boden bisher dauerhaft gefroren, der *Permafrost*. Durch das Auftauen werden die Böden weich und schwammig. Die Straßen, Ölpipelines, Häuser und Bäume verlieren ihren Halt

und versinken regelrecht im Dreck. Zudem wird das äußerst schädliche Treibhausgas Methan freigesetzt.

- Der Anstieg des *Meeresspiegels* wird einer der gravierendsten Folgen des Klimawandels sein. Vor 20000 Jahren auf dem Höhepunkt der letzten Eiszeit war das Klima global 4 bis 7 Grad Celsius kälter als heute. Der Meeresspiegel lag 120 Meter tiefer als heute. Zu den britischen Inseln konnte man trockenen Fußes gelangen. Am Ende der Eiszeit stieg der Meeresspiegel um ca. fünf Meter alle hundert Jahre. Seit den Satellitenmessungen 1993 verzeichnen wir einen Anstieg um 3 cm pro Jahrzehnt mit steigender Tendenz. Forscher gehen davon aus, dass bis zu 83 Staaten im Meer versinken könnten.
- Zwar lassen sich die Extremereignisse des *Wetters* nicht direkt auf eine Ursache zurückführen. Höchstwahrscheinlich werden mit zunehmender Erwärmung des Planeten Stürme, Dürren, Überschwemmungen, extreme Hitze, Rekordniederschläge, tropische Wirbelstürme in großem Ausmaße zunehmen.
- Die tiefgreifenden Auswirkungen auf die *Ökosysteme* sind in ihrer Dramatik kaum zu überschätzen. Biologen befürchten schon in diesem Jahrhundert ein Massensterben vieler Tier- und Pflanzenarten. Hochrechnungen einer internationalen Forschergruppe gehen davon aus, dass bereits bis zum Jahr 2050 weltweit 15 bis 37 Prozent aller Tier- und Pflanzenarten ausgestorben sein werden.
- Wie sich der Klimawandel auf die Ausbreitung von *Krankheiten* auswirken wird, ist weitgehend noch nicht erforscht. Von der Wissenschaft wird aber angenommen, dass er sich

auswirkt. Die Ausbreitung von Insekten, die Krankheiten übertragen, wie etwa das Dengue-Fieber und Malaria, wird durch den Klimawandel befördert. Die WHO hat 2002 die Folgen des Klimawandels auf die Gesundheit untersucht. Sie kommt zu dem Ergebnis, dass schon zur Zeit jährlich 150000 Menschen an Klimafolgen sterben (vgl. zu diesem Überblick Rahmstorf/Schellenhuber, 53 ff.).

Als Zwischenergebnis der bisherigen Ausführungen können wir festhalten: in der Wissenschaft besteht kein Zweifel, wie sehr der anthropogen verursachte Klimawandel die zukünftigen Lebensbedingungen für Menschen, Tiere und Pflanzen gefährden wird.

Von Januar bis August 2019 erschienen weltweit 10 602 wissenschaftliche Veröffentlichungen zum Klimathema. Alle gehen davon aus, dass wir Menschen für die zunehmende Erderwärmung verantwortlich sind (vgl. Wadsak, 54).

Die Klima-Ignoranten

Anders sieht es in der öffentlichen Diskussion aus, die im Gegensatz zum wissenschaftlichen Diskurs weitgehend interessenbestimmt ist. Verschärft hat sich der öffentliche Streit, nachdem Donald Trump 2016 zum Präsidenten der USA gewählt wurde. Im November 2012 hatte er getwittert, die Chinesen hätten den Klimawandel erfunden, um der US-amerikanischen Wirtschaft zu schaden. Absurd. Was erstaunt, ist, dass seine Anhänger dies auch noch glauben.

Im Juni 2019 kündigte Trump vor beiden Häusern des Kongresses den Rückzug der USA, der größten das Klima schädigenden Nation der Welt, aus dem Pariser Klimaabkommen an. Damit erfüllte er eines seiner Wahlversprechen. Wie sehr dies auch in Amerika auf Kritik stieß, zeigte die Reaktion einiger Gouverneure, auch weiter an dem Klimapakt von Paris festzuhalten.

Aus meiner Sicht ist sein Bruder im Geiste, Jai Bolsonaro, für den Verlauf des zukünftigen Klimas noch entscheidender als Donald Trump, obwohl die USA für 40 Prozent des CO2-Ausstoßes verantwortlich sind. Seit Bolsonaro vor 18 Monaten das Präsidentenamt in Brasilien übernahm, brennt der Amazonaswald schlimmer als je zuvor. Allein im August 2020 hat das „Nationale Institut für Weltraumforschung (Inpe) per Satellit 7766 Feuerstellen registriert, so viele wie noch nie seit Beginn der Messungen 1998. Im Vergleich: Juli 2019 bis Juli 2020 verzeichnen die Aufnahmen einen Zuwachs der Feuer um 35 Prozent. Bolsonaro gibt dagegen für denselben Zeitraum einen Rückgang von 28 Prozent an. Er nennt die Waldbrände im Amazonasgebiet eine Lüge: „Diese Geschichte, dass der Amazonas in Flammen steht, ist eine Lüge". Auch darin verhält er sich ganz wie Donald Trump.

Die meisten Experten sind sich einig, dass der südamerikanische Regenwald eine Schlüsselrolle für das Weltklima spielt. Er bindet 12 Prozent des Süßwassers der Erde, beheimatet 10 Prozent aller auf der Welt lebenden Arten und bietet 320 unterschiedlichen indigenen Völkern eine Lebensgrundlage.

Das Gemüt ist einer ästhetischen Behandlung großer Naturerscheinungen fähig wie z. B. der Urwald.

„Zu diesen Letzteren gehört vorzugsweise die unermessliche Waldgegend, welche in der heißen Zone von Südamerika die miteinander verbundenen Stromgebiete Orinoco und des Amazonasflusses füllt. Es verdient diese Gegend im strengsten Sinne des Wortes den Namen Urwald, mit dem in neueren Zeiten [1808!] so viel Mißbrauch getrieben wird“ (Humboldt, 68 f.).

Die zum Vorteil von Großgrundbesitzern und skrupellosen Agrarkonzernen durchgeführten Brandrodungen schaffen Agrar- und Weideflächen, vornehmlich für den Anbau von Sojabohnen und Zuckerrohr und für Viehhaltung. Unsere Importeure in Europa und anderen Ländern sind nicht weniger skrupellos. Sie wissen, dass 17 Prozent der brasilianischen Fleischexporte von Rindern stammen, die mit Soja gefüttert wurden. Dieses aber stammt von ehemaligen Regenwald- und Savannenflächen, die illegal entwaldet wurden.

Zwar haben Brasilien, Bolivien, Peru, Ecuador, Kolumbien, Guyana, Suriname im September 2019 in Kolumbiens Hauptstadt Leticia einen Vertrag über eine gemeinsame Politik des Umweltschutzes und eine nachhaltige Entwicklung der Region unterschrieben, jedoch bis heute ohne Wirkung. Das schon lange ausgehandelte Abkommen zwischen der EU und Mercosur kann unter den derzeitigen Umständen natürlich nicht unterschrieben werden. Für Deutschland hat dies die Bundeskanzlerin auch angekündigt (vgl. Spiegel-Online, 30.8.20; Zeit-Online, 31.8.20; RND, 31.8.20).

Zusammenfassend bringt der Brasilienreferent bei WWF die Dramatik auf den Punkt: „Der Amazonas steuert auf eine existentielle Katastrophe zu. 2019 hatten wir die höchste Zerstörung seit zehn Jahren, und nun deutet alles darauf hin, dass 2020 ein noch schlimmeres Jahr für den Regenwald wird. Erreichen wir nicht bald eine Trendumkehr, könne der Amazonas langfristig verloren gehen“ (WWF.de, 21.8.2020).

Aber nicht nur Trump und Bolsonaro leugnen die einhellige Erkenntnis der Wissenschaft, dass der Klimawandel von Menschen verursacht ist. Auch die AfD in Deutschland schließt sich dieser Leugnung an, wie viele Rechtspopulisten weltweit.

Im Juni 2019 sagte Alexander Gauland in der „Frankfurter Allgemeine“: „Die Klimahysterie der anderen Parteien wird die AfD nicht mitmachen“ (faz.net).

Ende Juli 2018 im deutschen Dürre-Sommer erklärte er, die extremen Wetterverhältnisse hätten nichts mit dem Klimawandel zu tun: „Wir glauben nicht, dass das sehr viel mit dem CO2-Ausstoß durch die Industrieproduktion oder durch menschliches Tun zu tun hat“ (Deutschlandfunk, 29.3.2019).

Im Braunkohlerevier in der Lausitz kommen solche jeder wissenschaftlichen Erkenntnis widersprechenden Sprüche vor den Landtagswahlen gut an.

In die gleiche Kerbe schlägt der AfD-Bundestagsabgeordnete Marc Jongen, indem er noch eins drauf setzt und die Klimaaktivistin Greta Thunberg persönlich diffamiert: „Ein krankes Kind, denn es ist bekannt, dass Greta Thunberg am Asperger-Syndrom, einer Form des Autismus leidet. Der Fall Greta ist von höchster Symbolkraft für die wahre Klimarettungspolitik im Ganzen“ (ibid.). Denkt man diese den AfD-Sprecher disqualifizierende Aussage zu Ende, kommt man zu dem Schluss, dass die ganze Klimadiskussion nach dessen Meinung krankhaft ist.

Mit der Dresdener Erklärung der AfD aus dem Jahr 2019 stellt sie sich vollends an die Seite weltweit agierender Klima-Ignoranten. Dort heißt es: „Ein besonders schneller oder starker Anstieg der globalen Mitteltemperatur ist derzeit nicht zu beobachten. Ein Einfluss des Spurengases CO2 oder anderer auch durch menschliche Aktivität erzeugten sog. Treibhausgase ist in den globalen Messreihen für Temperatur, Meeresspiegelanstieg, Sturm/Orkan-Aktivitäten trotz immensen Aufwands und politischen Druckes auf die Akteure nirgendwo und über keinen Zeitraum – von wenigen Kurzzeitkorrelationen abgesehen – nachzuweisen“ (zit. b. Latif, 130).

Unlängst erklärte diese Partei, die Themen Energie und Klima zu einem ihrer Hauptthemen im Wahlkampf für die nächste Bundestagswahl zu machen. In mehreren Bundesländern versucht sie, Allianzen mit den Windkraftgegnern zu schmieden.

Diese Partei verunglimpft mit ihren kruden Thesen zum Klimawandel die deutsche Wissenschaft (Junk Science). Mit allzu durchsichtigen Pseudoargumenten – die ein reines Täuschungsmanöver sind – schürt sie die Ängste der Menschen vor Veränderungen, denen wir uns alle stellen müssen, für ihre Wahlzwecke. Erstaunlich ist, dass Menschen einer solchen Partei ihr Vertrauen schenken.

Vor einigen Jahren haben sich die Klima-Ignoranten in einem Verein „Europäisches Institut für Klima und Energie (EIKE)“ zusammengeschlossen. Die AfD gehört dazu. Man gibt sich den Anstrich eines wissenschaftlichen Instituts, obwohl es ein Etikettenschwindel ist. Es handelt sich um einen reinen Lobbyverein. Laut Süddeutscher Zeitung hat er weder ein Büro, noch beschäftigt er Klimawissenschaftler. Wohl betreibt er im Internet eine Webseite „voller haarsträubender Falschinformationen zum Thema Klima" (Rahmstorf/Schellenhuber, 82).

In weit größerem Maße arbeiten US-Amerikaner mit ähnlichen Pseudoinstituten wie z. B. „Heartland Institute" oder „Commitee for a Constructive Tomorrow (CFACT)". Zwischen 2003 und 2010 sind in diese Einrichtungen sieben Milliarden US-Dollar aus meist undurchsichtigen Stiftungen geflossen, so dass die Spendengeber nicht mehr identifiziert werden konnten. Die Spenden dienten vornehmlich dem Zweck, Zweifel am Klimawandel zu schüren (vgl. Brulle, 122).

Bereits zu der Zeit, als Rauchen ein Verursacher für Lungenkrebs in den USA diskutiert wurde oder die Einführung des Katalysators als Untergang der Autoindustrie an die Wand gemalt wurde, hat die US-amerikanische Wirtschaft mit ähnlichen Mitteln gearbeitet. Mit Donald Trump, der seine Tweets mit Lügen spickt, finden sich Teile der amerikanischen Wirtschaft in guter Gesellschaft.

Große Industrieunternehmen – u. a. Exxon, Mobil, Shell, BP, Texaco, Ford, General Motors, Daimler-Chrysler – haben 1989 den Lobbyverein „Global Climate Coalition (GCC)" gegründet. Dies war wahrscheinlich eine Reaktion auf den von der UNO 1988 gegründeten Weltklimarat. Die GCC lief Sturm gegen die Einschränkung der Verwendung fossiler Brennstoffe. Zwar wurde die GCC schon 2001 aufgelöst, aber die Lobbyarbeit wurde nur verlagert. Die fünf größten börsennotierten Öl- und Gasunternehmen – Exxon, Shell, Chevron, BP, Total – haben als Antwort auf das Pariser Klimaabkommen von 2015 mehr als eine Milliarde US-Dollar investiert, um Zweifel an den anthropogen verursachten Klimafolgen zu schüren.

Offensichtlich haben sie Erfolg damit. Nach Umfragen glaubt ein Drittel der US-Amerikaner nicht an eine menschlich verursachte Klimabeeinflussung, ein Drittel ist schwankend und nur ein Drittel folgt den Argumenten der Wissenschaft (vgl. Latif, 135 f.).

In der Europäischen Union sehen im Durchschnitt 73,9 Prozent der Menschen den Klimawandel als ein sehr ernstes Problem. Neunzehn Länder liegen über diesem Durchschnitt. Die größte Sorge machen sich die Menschen in Malta mit 92 Prozent. Am wenigsten besorgt sind die Bürgerinnen und Bürger in Estland und Litauen mit 59 Prozent. Für 81 Prozent der Deutschen ist der Klimawandel ein sehr ernstes Problem. In sieben weiteren Ländern der EU machen sich die Menschen mehr Sorgen als die Deutschen (vgl. Eurobarometer 490).

Nachbemerkung

Wie aus den obigen Ausführungen ersichtlich, gehe ich davon aus, dass die Klimakrise eine, wenn nicht die größte, Herausforderung in der Menschheitsgeschichte ist. Dass wir uns in einer Zeit bedeutender klimatischer Veränderungen befinden, wird von der Wissenschaft fast einheitlich, von der Öffentlichkeit noch kontrovers, aber tendenziell weitgehend als dramatisch beurteilt.

Die Coronakrise sehe ich nicht isoliert, sondern in einem besonderen Zusammenhang mit der Klimakrise, wie es im nächsten Unterkapitel 2.6 diskutiert wird.

Aus diesem Grunde wird erst nach der Coronakrise in einem weiteren Unterkapitel 2.7 die Frage erörtert, ob wir mit einer radikalen Umkehr einer Veränderung unseres Verhaltens noch eine Chance haben, das Schlimmste abzuwenden.

2.7 Die Corona-Krise – Eine Zeitenwende?

Prolog

„Es gibt vielleicht insgesamt tausend Milliarden mikrobieller Arten; durchschnittlich stecken im Menschen allein etwa 40 Billionen bakterieller Zellen, und das schon seit dreieinhalb Milliarden Jahren. Es ist eine Welt der Mikroben – und wir leben mittendrin. Den meisten Bazillen dieser wundersamen vielfältigen Palette sind wir gleichgültig. Es gibt nur etwa 1400 Bakterien, die im Menschen Krankheiten verursachen können. Die haben molekulare Instrumente entwickelt – Virulenzfaktoren – und können uns trotz des Verteidigungsarsenals unseres hervorragenden Immunsystems gefährlich werden. Der Aufstieg eines Planeten voller Krankheitserreger ist wesentlich die Folge mikrobieller Evolution, die wiederum durch die explosionsartige Vermehrung der Menschen und deren gnadenlose Veränderung der Umwelt weltweit beeinflusst wurde. Die Evolution wird durch die blinde Macht zufälliger Mutation vorangetrieben, doch wir haben einen Kontext erzeugt, innerhalb dessen die Evolution herumbastelt und herumexperimentiert.

Noch stehen wir erst am Beginn eines neuen Verständnisses und versuchen, Ordnung in die verwirrenden neuen

Dinge zu bringen, die sich immer schneller ansammeln" (Harper, 418).

Vorbemerkung

Seit es schriftliche Aufzeichnungen gibt, wissen wir, dass Pandemien die Menschheit heimgesucht haben. Die fortschreitenden Methoden der Archäologie helfen, das Wissen zu vertiefen.

Einen der frühesten Texte finden wir bei dem Griechen Thukydides (454–399/396), dem Vater professioneller Geschichtsschreibung. Im zweiten Buch des Peloponnesischen Krieges schildert er eine Epidemie mit pandemischem Ausmaß. Er meinte, sie komme aus Äthiopien, habe sich dann über Ägypten, Lybien und große Teile des Perserreiches bis nach Griechenland verbreitet. Ohne vorherige Symptome befiel die Krankheit kerngesunde Menschen,

> „so daß sie anfänglich starke Hitze im Haupt und eine außerordentliche Röte und Entzündung in den Augen empfanden, wobei inwendig der Schlund und die Zunge mit Blut unterlaufen waren und einen garstigen und übelriechenden Atem von sich gaben. Darauf befiel sie ein starkes Niesen und Heiserkeit, und dann währte es nicht lange, daß das Leiden auf die Brust fiel und sich durch einen heftigen Husten äußerte. Wenn er sich auf den Magen warf, kehrte er denselben um, und sodann erfolgten allerlei Gallenentleerungen, […], und zwar ebenfalls unter großen Schmerzen. Die meisten überfiel dabei ein leeres Aufstoßen, das von heftigen Krämpfen begleitet war […]. Von außen

fühlte man keine sonderliche Hitze am Leibe; dieser war auch nicht blaß anzusehen, sondern vielmehr rötlich und dunkelblau und voll kleiner ausgefahrener Blattern und Geschwüre. […]. Endlich quälte sie eine beständige Unruhe und Schlaflosigkeit. Der Körper verfiel, solange als die Krankheit stieg, nicht merklich, sondern hielt es wider Erwarten gegen alle Anfälle derselben aus, so daß die meisten am neunten oder siebenten Tage noch bei ziemliche Kräften von der inneren Hitze aufgerieben wurden. Kamen sie aber hier durch, so zog sich die Krankheit in den Unterleib, verursachte daselbst heftige Eiterung und einen starken Durchfall. Und dies entkräftete dann die meisten dergestalt, daß sie davon starben. […]
Ja, die Toten lagen aufeinander und waren in dieser Stellung gestorben. Andere wälzten sich halbtot auf den Straßen und bei den Quellen herum; so groß war die Begierde, ihren Durst zu löschen. Selbst die Tempel, in denen sie ihren Aufenthalt genommen hatten, waren voller Leichen, die daselbst ihren Geist aufgegeben hatten" (Thukydides, 183 ff.).

Als die Krankheit in Peiräus zuerst ausbrach, gaben die Einwohner den Peleponnesiern die Schuld, indem sie ihnen eine Vergiftung der Zisternen vorwarfen. Schon vor mehr als 2400 Jahren waren Epidemien auch mit Verschwörungstheorien verbunden. Interessant ist auch die Tatsache, dass im Laufe der Geschichte ein enger Zusammenhang zwischen Epidemien und Krieg bestand.

Es scheint nicht endgültig geklärt, ob es sich bei der von Thukydides geschilderten Krankheit um die Pest gehandelt hat. Liest man jedoch die Beschreibung der Pest zu Athen 430 v. Chr. bei

Titus Lukretius Carus, genannt Lukrez (99–55) nach, so steht für ihn fest, dass es sich um die Pest gehandelt hat. Vergleicht man die beiden Texte von Thukydides und Lukrez, kann man davon ausgehen, dass Lukrez die Beschreibung von Thukydides gekannt haben muss. In großen Teilen gibt es wörtliche Übereinstimmungen.

> „Tief im Ägypterland war die Verseuchung entsprungen,
> Dann durchflog sie gewaltigen Raum der Lüfte und Meere,
> Bis sie am Ende befiel Pandios ganze Bevölkerung,
> Die nun haufenweise der Pest und dem Tode geweiht ward.
> Anfangs spürten ihr Haupt sie von fiebriger Hitze entzündet, Und ihr Augenpaar war blutigrot unterlaufen; Schwärzlich geronnenes Blut entquoll dem Inneren des Schlundes, Schwären versperrten der Stimme den Weg und verengten den Durchgang, Und der Zunge, des Geist's Dolmetscherin, schwimmend im Blute ward durch die Seuche geschwächt, rauhkörnig und kaum mehr beweglich“ (Lukrez, 205).

Drei historische Pandemien wurden u. a. durch das Bakterium Yersinia pestis ausgelöst, die erste unter Kaiser Justinian (482–565), die Pest im Mittelalter 1346–1353 und diejenige zu Yunnan in China von 1894.

Beeindruckend beschreibt Kyle Harper in seinem Buch „Fatum“ die Zustände im oströmischen Reich, ausgelöst von einer Klimakatastrophe bei gleichzeitigem Ausbruch einer Pandemie. Der Krieg mit den Streitkräften aus dem Osten mit den Pestkeimen im Gepäck. und den gleichzeitigen Veränderungen des

Klimas bargen einen Sprengstoff von besonderer Art. In Italien verödete Stadt und Land. Rom soll 547 noch 500 Einwohner gehabt haben. Die Entvölkerung wirkte sich auf die gesamte Wirtschaft aus, insbesondere auf die Landwirtschaft. Dies hatte Hungersnöte zur Folge.

> „Auch wenn wir annehmen, dass die Justinianische Pest die halbe Bevölkerung das Leben gekostet hatte, gab es natürlich immer noch hie und da Menschen. Doch in manchen Teilen des Reiches waren sie noch kaum zu finden. Es ist gespenstisch, wie wenig Spuren sie in den archäologischen Zeugnissen in Italien hinterlassen haben. Die Dörfer und Gehöfte, die tausend Jahre lang Grundlage eines beachtlichen Zivilisatiosniveaus waren, scheinen zumeist nicht mehr zu existieren. […]
> Was in Italien geschah, war nicht nur ein Niedergang; es war ein Zusammenbruch und eine Umstrukturierung" (Harper, 278 f.).

Als im Mittelalter des 14. Jahrhunderts die Pest ausbrach, verließen die Vermögenden die Städte und zogen sich aufs Land zurück. So haben wir es auch jetzt in Corona-Zeiten erlebt.

Ein weltberühmtes Dokument ist uns aus dieser Zeit überliefert: „Das Decameron". Der Verfasser dieses Novellenzyklus, Giovanni di Boccaccio (1313–1375) flüchtete vor der wütenden Pest mit sieben Frauen und zwei Männern auf sein Landgut in der Nähe von Florenz. In zehn Tagen erzählen sich die sieben Frauen und drei Männer hundert Geschichten. Der erste Tag beginnt mit einer Schilderung der grauenvollen Krankheit.

> „Da für die geschilderte große Menge Leichname, die alltäglich und schier allstündlich zu jeder Kirche gebracht wurden, die geweihte Erde nicht ausreichte, sonderlich nicht, wenn nach dem alten Gebrauche jedem hätte sein eigenes Grab gegeben werden sollen, wurden, da die Kirchhöfe allenthalben voll waren, große Gruben gemacht und die neu Hinzukommenden zu Hunderten hineingelegt; dort wurden sie, wie im Schiffsraum die Waren, Schicht auf Schicht übereinander geschichtet und mit wenig Erde bedeckt, bis die Grube bis zum Rand voll war“ (Boccaccio, 18).

Bei dieser Schilderung wird man an Bilder aus Italien und den USA während der ersten Corona-Welle 2020 erinnert.

Als letztes der ausgewählten historischen Beispiele für eine Pandemie führen wir die Spanische Grippe an. Sie wütete zwischen 1918 und 1920 in drei Wellen. Wo das Virus seinen Ursprung hatte, ist nicht vollständig geklärt. Wahrscheinlich wurde es von amerikanischen Soldaten aus Kansas an die Front nach Frankreich eingeschleppt. Von dort verbreitete sich die Influenza-Pandemie.

Die Weltbevölkerung betrug damals 1,8 Milliarden Menschen. Nach Berechnungen der WHO fielen bei 500 Millionen Infizierten 20 bis 50 Millionen Menschen, vornehmlich im Alter zwischen 20 und 40 Jahren, der Influenza zum Opfer. Andere Schätzungen gehen wegen einer hohen Dunkelziffer sogar von 100 Millionen Toten aus. Eine besonders hohe Letalität gab es in den Ländern mit einem hohen Anteil an Ureinwohnern, wo bis zu 20 Prozent verstarben. Allein in Indien sollen 17 bis 20 Millionen an der Grippe verstorben sein.

Besonders die zweite Welle im Herbst war wesentlich aggressiver als die erste Welle im Frühjahr des Jahres (vgl. Wikipedia).

> „Finden Sie jeden verfügbaren Tischler und Schreiner und lassen Sie ihn Särge herstellen. Dann nehmen Sie Straßenarbeiter und lassen sie Gräben ausheben. Nur dann haben Sie eine Chance, dass die Zahl der Leichen nicht schneller steigt, als Sie sie beerdigen können" (zit. n. Pete Davies: Catching Cold – The Hunt for a Killer Virus, S. 114, in: Wikipedia).

Im Lichte unserer Erfahrungen mit der zur Zeit grassierenden Corona-Pandemie haben wohl eines alle Pandemien gemeinsam, nämlich, dass die Menschheit jederzeit an jedem Ort von einem der Killerviren überrascht werden kann.

Vorwarnung

Im „Bericht zur Risikoanalyse im Bevölkerungsschutz 2012" wurde unter Federführung des Robert- Koch-Instituts eine Simulation eines Pandemie-Ausbruchs, verursacht durch das Virus Modi-SARS, durchgeführt. Die Aufgabe bestand darin, mit Hilfe eines entsprechenden Szenarios die Eintrittswahrscheinlichkeit einer Pandemie nebst dem zu erwartenden Schadensausmaß zu bestimmen. Die Wahl eines SARS-Virus erfolgte vor der Erfahrung, „dass die natürliche Variante 2003 sehr unterschiedliche Gesundheitssysteme schnell an ihre Grenzen gebracht hat" (DB, Drucksache 17/12051, 5).

Erreger mit neuartigen Eigenschaften können plötzlich auftreten und schwerwiegende Seuchen auslösen.

In diesem modellierten Szenario wird das Virus durch zwei Asienrückkehrer, die mit einer großen Anzahl von Personen Kontakt hatten, eingeschleppt. Die simulierte Ansteckung von sechs Millionen Menschen in 300 Tagen allein in Deutschland ist in der jetzigen Corona-Krise glücklicherweise nicht eingetroffen. Sie hätten unser Gesundheitssystem auch überfordert. Die Studie geht von drei Wellen aus, einer stärkeren und zwei schwächeren. Die historischen Beispiele gehen meist von mehreren Wellen aus, sodass wir uns ebenfalls in der jetzigen Krise darauf einstellen müssen.

Nach der Studie dauert es drei Jahre, bis ein Impfstoff zur Verfügung steht.

> „Bei einem Auftreten einer derartigen Pandemie wäre über einen Zeitraum von drei Jahren mit drei voneinander getrennten Wellen mit immens hohen Opferzahlen und gravierenden Auswirkungen auf unterschiedliche Schutzgutbereiche zu rechnen" (ibid., 6).

Als Beispiel für einen plötzlich auftretenden neuartigen Erreger verweist die Studie auf ein Coronavirus (novel Coronavirus), das im Sommer 2012 bei sechs Patienten nachgewiesen wurde, von denen zwei verstarben. Schon sehr nahe an dem, was wir zur Zeit erleben. Die Inkubationszeiten entsprechen dem Virus COVID-19.

> „Zur Behandlung stehen keine Medikamente zur Verfügung, so dass nur symptomatisch behandelt werden kann. Neben Einhaltung von Hygienemaßnahmen können Schutzmaß-

> nahmen in dem Sinne also ausschließlich durch Absonderung Erkrankter bzw. Ansteckungsverdächtiger sowie den Einsatz von Schutzausrüstung wie Schutzmasken, Schutzbrillen und Handschuhen getroffen werden. Absonderung, Isolierung und Quarantäne sind aber nur von begrenzter Wirksamkeit, da schon bei Beginn der Symptomatik eine sehr ausgeprägte Infektiosität besteht" (ibid., 59).

Betroffen sind besonders Ballungsräume mit hoher Bevölkerungsdichte, hoher Mobilität und Nutzung von Massenverkehrsmitteln.

So realistisch die Beschreibung des angenommenen Virus Modi-SARS mit dem zur Zeit grassierenden COVID-19 ist, so unwahrscheinlich schien den Analysten sein nahe bevorstehendes Ausbrechen.

Diese Studie ist im Zusammenhang mit der jetzigen Corona-Krise ab und an kommuniziert und diskutiert worden.. Jedoch wurde die Frage nicht beantwortet, ob die Bundesregierung sich im Vorfeld auf eine Pandemie aufgrund dieser Risikoanalyse vorbereitet hat. Auch wurde nicht diskutiert, ob die Bundesregierung sich in ihren Maßnahmen an den Vorschlägen der Risikoanalyse orientiert hat.

Die Gefährdung der Demokratie

Im Zeichen der existierenden und wahrscheinlich noch lange anhaltenden Corona-Krise müssen wir uns mit der alles andere beherrschenden Frage auseinandersetzen, ob unsere liberale Demokratie die Folgen aus der Krise bewältigen und vielleicht sogar gestärkt daraus hervorgehen kann. Wie vor mehr als zweihundert Jahren, in der Französischen Revolution erkämpft, gelten heute gleichermaßen die Werte Freiheit, Gleichheit, Brüderlichkeit als das Fundament, auf dem unsere Demokratie verankert ist. Schon lange, aber insbesondere seit die Welt sich grundlegend 1989 verändert hat, wird das liberale westlich Demokratiemodell von autoritären, illiberalen Herrschaftsmodellen in Frage gestellt. Repräsentanten sind Trump, Putin, Xi Jinping, Bolsonaro, Erdogan, Orbán, Kaczynski, um nur die herausragenden Köpfe zu nennen. In dieser grundsätzlichen Auseinandersetzung zwischen zwei unvereinbaren Systemen wirkt das Corona-Virus wie ein Brandbeschleuniger.

Zur Freiheit

Das schärfste Mittel, eine demokratische Gesellschaft zu beschädigen, ist die Einschränkung oder auch nur vorübergehende Aufhebung der Freiheit. Das Grundgesetz kennt aus gutem Grund keine allgemeine Notstandsregelung. Deutschland hat sowohl in der Weimarer Republik als auch besonders im Nationalsozialismus damit schlechte Erfahrungen gemacht. Auch ohne die Möglichkeit, einen Ausnahmezustand zu verhängen, funktioniert unsere Demokratie. Der Staat trifft seine Entscheidungen über Einschränkungen, wie z. B. eine Kontaktsperre, auf der Grundlage des Infektionsschutzgesetzes vom 1. Januar 2001. Dort findet man den Satz: „Die zuständige Behörde trifft die notwendigen Schutzmaßnahmen." Dies erlaubt staatliche Eingriffe in Rechte wie „körperliche Unversehrtheit, die Freiheit der Person und das Recht des Brief- und Postgeheimnisses".

In unserem föderalen System liegt die gemeinsame Verantwortung bei den lokalen und regionalen Behörden in Abstimmung mit der Bundesregierung. Die Umfragen im Politbarometer zeigen, dass die überwiegende Mehrheit der Bevölkerung dies so akzeptiert, und dass es auch funktioniert. Unsere liberale Demokratie ist nicht weniger effizient als autoritäre Systeme, wie etwa China oder auch Zentralstaaten, wie zum Beispiel Frankreich.

Alle notwendigen Maßnahmen sind durch unsere Verfassung abgesichert, die das wichtigste Grundrecht schützen, hinter das alle anderen zurücktreten müssen, nämlich das Recht auf Leben. Keine Verfassung der Welt beginnt mit dem fundamentalen Satz: „Die Würde des Menschen ist unantastbar. Sie zu achten und zu schützen ist Verpflichtung aller staatlichen Gewalt" (GG Art. 1.1). In Artikel 1.2 finden wir den Bezug auf die Menschenwürde als universellen Wert, denn es heißt weiter: „Das deutsche Volk bekennt sich darum zu unverletzlichen und unveräußerlichen Menschenrechten als Grundlage jeder menschlichen Gemeinschaft, des Friedens und der Gerechtigkeit in der Welt" (GG Art. 1.2). Bewusst haben die Mütter und Väter des Grundgesetzes von der Würde des Menschen und nicht von der Würde des Deutschen gesprochen und so einen universalen Wert formuliert. Beschädigen wir diesen Wert in seiner Universalität, so beschädigen wir ihn auch für jeden Deutschen. Auch ist die Würde der Flüchtlinge gemeint (vgl. Kap. 2.2 d. Büchleins).

Würde ist aber nur dann sinnstiftend, wenn damit menschliches Leben verbunden ist. Sätze wie „man dürfe den Schutz von Leben nicht über alles stellen" (Wolfgang Schäuble) liefern keinen Beitrag zur Klärung, sondern eher zur Verwirrung.

Aus meiner Sicht besteht für die Bundesrepublik Deutschland nicht die Gefahr, dass die vorübergehende Aussetzung von

Grundrechten, selbst die von Freiheitsrechten, unsere Demokratie gefährdet. Unser gut funktionierendes Verfassungsgericht wird jeden Angriff auf unsere Grundordnung abwehren.

Die Mehrheit der Gesellschaft wird so lange den politisch Handelnden einen großen Vertrauensvorschuss einräumen, als sie gewiss ist, dass die Einschränkungen der Grundrechte unverzüglich nach der Krise in vollem Umfang wieder aufgehoben werden.

Gefahr droht von zwei Seiten. Besteht nicht in halbautoritären Demokratien, wie etwa Ungarn, die Versuchung, die Situation im Sinne einer dauernden Einschränkung der Freiheitsrechte und anderer Grundrechte auszunutzen? Es ist mehr als nur ein Hinweis, wenn der Unterdrücker des Volkes von Belarus Viktor Orbán seinen Freund nennt.

Oder welche Gefahr geht für die Freiheit von denjenigen aus, die angeblich für sie auf die Straße gehen. Gemeint sind die Verschwörungstheoretiker, aber auch die Mitläufer, die sich instrumentalisieren lassen, die das Virus als implantierten Mikrochip oder als Nebenwirkung der 5 G-Strahlung deuten, oder die Bill Gates vorwerfen, er habe es zur Absicherung seines Reichtums in die Welt gesetzt. All diese sind eine Gefahr für die Demokratie, weil sie deren gesellschaftlichen Zusammenhalt gefährden.

Zur Gleichheit

Noch sind wir mehr oder weniger gleich betroffen von der Krise, glücklicherweise nicht vom Virus, aber von den Vorkehrungen seiner Begrenzung. Gleichermaßen sind wir alle aufgefordert, unser Verhalten der Gefahr anzupassen, ohne Ansehen der Person. In der Einschränkung der persönlichen Bewegungsfreiheit sind wir alle gleich. Ganz konkret erfahren wir, wie sehr der Satz von Rosa Luxemburg (1871–1919) in dieser Notsituation zutrifft: „Die Freiheit ist immer die Freiheit des Andersdenkenden“ (Luxemburg, 359). Oder, wie es Immanuel Kant formulierte, dass die Freiheit, die ich für mich in Anspruch nehme, die Freiheit eines anderen nicht einschränken darf. Also sind wir in der Einschränkung unserer Freiheit alle gleich, nicht jedoch in der Weise, wie jeder Einzelne diese Einschränkung erlebt und damit umgeht. Hier sind wir alle ungleich.

In der ersten Welle der Krise ist das Gesundheitssystem in Deutschland nicht an seine Grenzen gestoßen, im Gegensatz zu andern Ländern. Sollte in der jetzigen 2. Welle 2020/21 unser Gesundheitssystem an seine Grenzen stoßen, sind wir dann noch alle gleich? Oder müssen wir uns damit abfinden, dass Ärzte darüber entscheiden, wer leben darf?

Die Deutsche Interdisziplinäre Vereinigung für Intensiv- und Notfallmedizin (DIVI) hat am 26. März 2020 ein Papier vorgelegt, wie die behandelnden Ärzte der Intensiv- und Notfallmedizin im Zusammenhang der COVID-19-Pandemie „sich verhalten“ sollen: „Die Entscheidungen müssen medizinisch begründet sein. Und es muss gerecht zugehen. Als Kriterium soll die klinische Erfolgsaussicht gelten, also die Wahrscheinlichkeit, ob der Patient die Intensivbehandlung überleben wird“. So heißt es in den Handlungsempfehlungen weiter: „Die Periodisierungen erfolgen ausdrücklich nicht in der Absicht, Menschen oder Menschenleben zu bewerten, sondern aufgrund der Verpflichtung, mit den (begrenzten) Ressourcen möglichst vielen Patienten eine nutzbringende Versorgung unter Krisenbedingungen zu ermöglichen. [...] Kriterium ist die klinische Erfolgsaussicht – nicht das Alter. […]. Es gelte der Gleichheitsgrundsatz."

Alles andere widerspricht nicht nur unserem Grundgesetz, sondern würde unsere Gesellschaft zerreißen.

Die Sorge der Intensiv- und Unfallmediziner ist natürlich sehr ernst zu nehmen. Unverständlich bleibt aber – obwohl Deutschland relativ gut durch die erste Welle gekommen ist – dass ein industriell hochentwickeltes Land durch Vorsorge nicht verhindern kann, dass eine solche Situation überhaupt eintritt. Dies hat sicher viel mit der Privatisierung und damit Entsolidarisierung unserer Sozialsysteme, mit der fehlenden Gerechtigkeit und der Dominanz der Ökonomie zu tun. Vielleicht ziehen wir Lehren daraus.

> „Die Wirtschaft können wir wieder aufbauen. Die Toten wieder zurückholen nicht" (Bill Gates).

Zur Brüderlichkeit (Solidarität)

Kann eine gemeinsame Risikoerfahrung unser gesellschaftliches Zusammenleben vertiefen oder gar ändern?

So sieht es aus: Nachbarschaftsnetzwerke, Hilfe beim Einkauf für Alleinstehende, gemeinsamer Applaus von Balkonen für diejenigen, die das tägliche Leben aufrechterhalten, Musik von Künstlern im Video, nicht zu vergessen die Journalisten, die uns täglich Orientierung geben und vieles mehr. Die individuelle Angst, die sich kollektiv verdichtet, „das unbekannte Nichtwissen" (David Spiegelhalter) verunsichert uns so stark, dass wir unser Heil in der Gemeinschaft suchen.

Wir werden gezwungen, unser Verhalten, den alten Trott zu überdenken: Nachdenken, wie sehr der individuelle Eigennutz unser gesellschaftliches Verhalten auf Kosten des Gemeinwohls dominierte. Nachdenken über die Revision eines immer schlankeren Staates. Nachdenken über die Entsolidarisierung unserer Sozialsysteme. Nachdenken über eine bessere Risikofürsorge. Nachdenken über unser Konsumverhalten. Nachdenken, was welcher Fortschritt für Zukunftsgestaltung bedeutet. Nachdenken über die Frage, ob nicht weniger mehr ist. Nachdenken über unser Lebensgefühl.

Die Beantwortung all dieser Fragen hängen eng damit zusammen, wie wir eine gerechte, lebenswerte und liebenswerte zukünftige Gesellschaft gestalten können.

Wie will man den jungen Menschen heute erklären, dass bei einer Rückzahlung von 0,7 Prozent der Schulden wie zum Beispiel im Jahr 2016 es fast 143 Jahre dauern würde, bis die damals 2006 Milliarden aufgehäuften Schulden beglichen wären? Diese Relationen haben sich durch die durchaus sinnvollen neuen Schuldenaufnahmen noch erheblich verschlechtert.

Wie will man der heutigen jungen Generation erklären, dass wir ständig auf ihre Kosten über unsere Verhältnisse leben, dass der weltweite Raubbau der Natur nicht nur die pflanzlichen und tierischen Arten, sondern mit ihnen den zukünftigen Lebensraum des Menschen selbst zerstört.

Beginnen wir mit einer radikalen Umkehr des Denkens und Handelns sofort.

Gerechtigkeit ist ein ganz zentrales Schlüsselwort.

Bernd Ulrich schreibt in einem Beitrag für „Die Zeit“: „Apokalypse, not now“: Es verschiebe sich gerade etwas auf dem Feld der sozialen Gerechtigkeit. Dass sich die einen mehr nehmen als die anderen, nennt man in diesen Tagen hamstern. Dass sich die einen mehr nehmen als die anderen, nennt man bisher Marktwirtschaft, und es ist heilig.

Es gibt nicht *die* Gerechtigkeit. Wenn wir über Gerechtigkeit in der bundesrepublikanischen Gesellschaft nachdenken, müssen wir unterschiedliche Arten von Gerechtigkeit differenzieren, z. B. Verteilungsgerechtigkeit, Steuergerechtigkeit, Bildungsgerechtigkeit, Generationengerechtigkeit u. a. Da die Generationengerechtigkeit viele Aspekte der Diskussion über Solidarität durch Gerechtigkeit bündelt, konkretisiere ich sie als *pars pro toto* etwas genauer.

Die Jugendbewegung „*Fridays for Future*" mahnt unsere Generation eindringlich, ihr eine Welt zu hinterlassen, die auch noch für sie lebens- und liebenswert ist. Die jetzige verantwortliche Generation hat die berechtigten Ansprüche der Nachfolgegenerationen bei ihren Entscheidungen zu berücksichtigen. Die heute lebende Generation darf keinesfalls so wie bisher weiter konsumieren und so ungehemmt die Ressourcen verbrauchen, dass kein „gerechter Spargrundsatz" (Rawls, 318) aufgebaut werden kann. Ohne einen solchen Spargrundsatz kann die jetzige Generation die Forderungen der nachfolgenden nicht erfüllen. Dieser Spargrundsatz, der im Konsens unter den derzeit Lebenden beschlossen wird, muss eine faire Lastenverteilung berücksichtigen. Ein Generationenvertrag ist dringend geboten. Jede Regierung sollte im gesellschaftlichen Diskurs unverzüglich mit der Erarbeitung eines Gesamtplans beginnen und dann Stück für Stück Teilpläne umsetzen.

3 Was tun?

Aus der Sicht der Klimaforscher

Die Wissenschaft ist fast einhellig der Auffassung, dass der Klimawandel menschengemacht ist.

Es gibt einige, die nicht mehr daran glauben, ihm könne noch Einhalt geboten werden. Doch andere finden, bei sofortigem Handeln könne man noch etwas erreichen. Aber auch letztere gehen davon aus, die letzte Chance, den Klimawandel in erträglichen Grenzen zu halten, könne nur dann gelingen, wenn bis Mitte des Jahrhunderts die CO_2-Emmissionen den Wert Null erreichen, also weltweit Klimaneutralität herrsche. Das sind die Optimisten. Das Pariser Klimaabkommen von 2015 gibt vor, bis Ende des Jahrhunderts müsse der Anstieg der Erderwärmung bei 2 Grad Celsius gedeckelt werden. Viele Inselvölker drängen darauf, einen Wert unter 2 Grad anzustreben, weil sie sonst schon in ihrer Existenz bedroht seien.

Um das Pariser Abkommen umzusetzen, das lediglich eine Selbstverpflichtung der Unterzeichnerstaaten ist, bedarf es einer Reihe von unabdingbaren Maßnahmen, individuell, regional, national und global.

Wir vernachlässigen hier die von einigen Physikern und Ingenieuren vorgeschlagenen Eingriffe ins Ökosystem, führen aber zwei Beispiele von vielen an, um zu zeigen, was ernsthaft erwogen wird. So schlug Edward Teller (1908–2003), der maßgeblich an der Entwicklung der Wasserstoffbombe beteiligt war, vor, mit Hilfe von Raketen Schwefelpartikel (Aerosolen) in die Stratosphäre (zweite Schicht der fünf Schichten der Atmosphäre, 15 bis 50 km) zu schicken. Dadurch sollte das gefilterte Sonnenlicht eine künstliche Verdunkelung erzeugen. Dies hätte den gleichen Effekt wie ein Vulkanausbruch.

Nach einem anderen Vorschlag sollen im Weltraum große Parabolspiegel installiert werden, die die Sonnenstrahlen teilweise von der Erde ablenken. Dieses sogenannte Geoengineering hört sich zwar wie Science Fiction an, ist es aber nicht. Es ist jedoch insofern unrealistisch, als die Umsetzung Billionen US-Dollar verschlingen würde, die die Staatenwelt nicht aufbringen will.

Neben den Geoengineering-Projekten beschäftigen wir uns auch nicht mit der *Laissez-Faire*-Strategie, die davon ausgeht, dass der Markt es schon richten werde. Hinzu käme die hochentwickelte Ingenieurs-Kunst, der schon immer etwas eingefallen sei.

So bleiben zwei realistische Szenarien, doch noch den Klimawandel zu begrenzen: Anpassung und Vermeidung.

> „Die möglichst weitgehende Begrenzung der Klimaänderungen wird als Vermeidung bezeichnet, die möglichst weitgehende Verringerung der Klimaanfälligkeit als Anpassung" (Rahmstorf/Schellnhuber, 89).

Vermeidung hat mit dem technologischen Fortschritt der Dekarbonisierung, der möglichst raschen Umstellung auf erneuerbare Energien zu tun. Als Übergangslösung kann noch Gas als ein wichtiger Energielieferant akzeptiert werden. Aber auch dieser Energieträger muss bis 2050 von Solarthermie, Windkraft, Photovoltaik, Biogas abgelöst werden. Wenn man sich diese kurze Zeitspanne von gerade mal 30 Jahren vergegenwärtigt, bis wir klimaneutral sein sollen, dann entstehen erhebliche Zweifel an der Verwirklichung. Dies nicht zuletzt deshalb, weil das Pariser Abkommen auf Selbstverpflichtung, d. h. auf Freiwilligkeit beruht.

In erster Linie sind die Hauptverursacher neben China die Industrieländer. Von daher sind sie auch in einer besonderen historischen Verantwortung. Ein Großteil ihres Wohlstandes haben sie durch Ausbeutung und auf Kosten des Klimas erworben. Es ist spätestens jetzt an der Zeit, die erworbene Rendite zurückzuzahlen.

Der Pro-Kopf-Ausstoß von CO2 beträgt in den USA 16 Tonnen pro Jahr, im Deutschland ca. 10 Tonnen und in Indien 2 Tonnen. In den USA, das für ca. 15 Prozent des Weltemissionsausstoßes verantwortlich ist, leben 4,4 Prozent der Weltbevölkerung. Deutschland verantwortet 2 Prozent des weltweiten Ausstoßes bei etwa einem Prozent der Weltbevölkerung. Indien dagegen hat einen Anteil von ca. 18 Prozent der Weltbevölkerung, ist aber nur mit 7 Prozent am CO2-Ausstoß beteiligt. China, noch mit 19 Prozent das bevölkerungsreichste Land der Welt, ist für 28 Prozent des weltweiten CO2-Ausstoßes verantwortlich (vgl. Lati, 180). Kürzlich kündete Staatspräsident Xi Jinping Klimaneutralität Chinas bis 2060 an.

Wenn das Klima noch zu retten sein soll, müssen mindestens zwei Bedingungen erfüllt sein:

„1. Massive Effizienzsteigerungen und Verhaltensveränderungen quer durch den Verbraucherkosmos hin zu sparsamerem Umgang mit Primärenergie und Energiedienstleistungen.

2. Ersatz fossiler durch erneuerbare Energien im Rahmen eines durchgreifenden Strukturwandels" (Rahmstorf/Schellnhuber, 105).

Wie bereits erwähnt, können diese Bedingungen nur erfüllt werden, wenn eine individuelle, kommunal/regionale, nationale und globale Umkehr des Denkens und Verhaltens erreicht wird.

An wenigen Beispielen will ich dies *pars pro toto* erläutern.

„Unsere Ernährung, vom Acker bis zum Teller, ist für etwa zwanzig, nach manchen Studien sogar bis zu dreißig Prozent der CO2-Emissionen verantwortlich" (Wadsack, 104). Zu diesem hohen Wert trägt vor allem bei, wann und wo die Lebensmittel produziert, wie sie transportiert, wie sie verpackt werden, wieviel davon im Müll landen, wie das zu viele Fleisch produziert wird, welche Dünger benutzt werden, woher das Saatgut kommt, ob das Sommergemüse ganzjährig zur Verfügung stehen soll und vieles mehr (vgl. ibid., 104 ff.). Die Nachhaltigkeit im Sinne des Klimas beginnt also beim Einkauf.

Geht man davon aus, dass jeder Mensch auf der Welt 4,8 Tonnen Co2 in die Atmosphäre pumpt, dann bedeutet dies ca. 36,6 Milliarden Tonnen jährlich. In Deutschland ist der Pro-Kopfverbrauch etwa doppelt so hoch (vgl. Statista/Greenpeace).

Eine ökologische Steuerreform mit der Einführung einer Prokopf-CO2-Steuer könnte ein Teil der Lösung sein. Für die Hälfte der Menschheit könnte z. B. 50 €/Jahr CO2-Kopfsteuer eingeführt werden. Dies würden Einnahmen von ca. 190 Milliarden jährlich bedeuten. Die arme Hälfte der Menschheit könnte in mehrfacher Weise davon profitieren. Erstens wäre sie von einer solchen Steuer befreit. Zweitens würde der reiche Teil der

Welt etwas zurückgeben, was er zum Teil auf Kosten des Klimas erwirtschaftet hat. Drittens könnten Teile der 190 Milliarden zur Verbesserung der Lebensbedingungen in den armen Ländern beitragen oder eine große Alphabetisierungsoffensive gestartet werden. Rechnet man eine weltweite Einführung einer CO_2-Steuer für die Industrie hinzu, so ergäbe sich ein gigantisches Rettungsprogramm nicht nur für das Klima. Das Argument, eine solche Steuer verhindere Wachstum und koste somit Arbeitsplätze, greift nicht. Seit Schweden eine CO_2- Steuer eingeführt hat, ist das jährliche Bruttoinlandsprodukt nicht gesunken, sondern vielmehr gestiegen. Schweden hat mit einer Steuer von 25 €/t begonnen und liegt zurzeit bei 111 €/t. Allerdings hat Schweden andere Steuern dafür gesenkt.

Ein steuerlicher Prokopf-Ansatz kann durch das kommunale und regionale Klimabündnis flankiert werden, das 1990 in Frankfurt gegründet wurde. In der Erklärung zum Klimanotstand verpflichten sich die Gemeinden – z. Zt. gehören 1700 dem Bündnis an – bis 2030 kohlenstofffrei zu werden.

Ein solches Netzwerk sollte aktiv von den Nationalstaaten unterstützt werden. Es ist einfacher, die Menschen vor Ort von der Dramatik des Klimawandels zu überzeugen als im großen nationalen oder gar globalen Raum.

Deutschland nimmt den Klimaschutz zwar ernst, aber nicht ernst genug. Fachkenner kritisieren den späten Ausstieg aus der Kohleverbrennung erst im Jahr 2038. Viel zu spät sagt auch die Jugend. Die Diskussion um den Ausstieg aus der Kohle hat gezeigt, wie stark die ökonomischen Interessen die Entscheidungen der Politik bestimmen. Ohne Rücksicht auf das tiefempfundene Heimatgefühl der Menschen baggert RWE mit Zustimmung der Politik rücksichtslos ihre Dörfer ab. Profit geht vor Heimat. Notwendig wäre dies nicht. Andererseits belegt die Verabschiedung des Klimaschutzgesetzes vom Oktober 2019 die Ernsthaftigkeit der Bundesregierung, Klimaziele bis 2030 festzuschreiben. Ergänzt wird dieses Gesetz durch die EEG-Novelle 2021, mit der die Bundesregierung zwei zentrale Ziele erreichen will: erstens Treibhausneutralität noch vor 2050 und zweitens 65 Prozent erneuerbarer Energien bis 2030 zu erreichen. Heute liegt der Anteil erneuerbarer Energien an der Netto-Stromerzeugung bei 40 Prozent, etwa gleichauf mit China. Allerdings verbraucht China 13 mal mehr Strom als Deutschland.

China und Deutschland sind zwei Beispiele dafür, wie ernst das „Pariser Klimaabkommen" zu nehmen ist. Das Hauptproblem dieses ambitionierten Abkommens ist seine Freiwilligkeit. Was nutzt die sakrosankte Souveränität des heutigen Staatensystems, wenn der ganze Planet betroffen ist. Entweder er wird ganz gerettet oder er wird nicht gerettet. Die beiden Klimaforscher Stefan Ramstorf und Hans Joachim Schellnhuber bringen dies auf die Formel der geopolitischen Schizophrenie":

> „Wir beschließen alle gemeinsam, dass jeder selbst beschließt, welchen Beitrag er zum Vorhaben Weltrettung beitragen möchte" (122).

Genau darin liegt meine Skepsis, ob das Klima noch zu retten ist.

In Hinblick auf die Natur

Der menschliche Umgang mit der unbelebten Natur, mit den Pflanzen und unseren Mitgeschöpfen den Tieren ist geprägt durch ausbeutendes Gewinnstreben, arrogante Überheblichkeit, zerstörende Gefühllosigkeit und viele negativen Eigenschaften mehr. Die spürbaren Folgen des menschlichen Umgangs mit der Natur bündeln sich wie in einem Brennglas in der Klimakrise und in gewisser Weise auch in der Coronakrise. Sie führen uns die Folgen mit aller Wucht vor Augen. Wir befinden uns in einer Systemkrise. Wir müssen unsere Art zu wirtschaften wie unsere Art, die erwirtschafteten Güter und Gewinne zu verteilen, völlig ändern. Vielleicht kann dann die Menschheit noch überleben. Das klingt dramatisch, ist es aber auch. Wenn wir die Klimakrise, ein Symptom für eine weltweite Umweltkrise, noch abwenden wollen, dann müssen wir das System, in dem wir bisher gelebt haben, von Grund auf ändern. Es reicht nicht, an den Symptomen herumzubasteln, nein, nur eine globale revolutionäre Kraftanstrengung kann ein anderes, ein gerechteres, ein überlebensfähigeres System hervorbringen. Damit dies gelingt, müssen wir zunächst Abschied nehmen von unserem bisherigen Fortschrittsglauben und dem Glauben an ein immer weiter fortschreitendes quantitatives Wachstum.

Der immerwährende Fortschrittsglaube, die „Pflicht zum Fortschritt“ (vgl. Markl, 420 ff.) beruht auf Innovation durch Wissen, neuem Können, aber sollte gleichermaßen auf Wertmaßstäben beruhen (vgl. im weiteren: Böttcher/Krawczynski, 98 ff.).

Prüfkriterien, ob Fortschritt im Sinne eines ethischen Fortschreitens der Menschheit ist, sind zukunftssichernde Nachhaltigkeitsmerkmale und Sozialverträglichkeit. Beiden Prüfkriterien muss die Entscheidung genügen, eine Innovation umzusetzen. Fortschritt ist eng gebunden an die Quantität und Qualität des Wissens sowie an die Beantwortung der Fragen des Wofür und Wohin des Fortschritts.

Schon Jean-Jacques Rousseau (1712–1778) hat auf eine Preisfrage der Akademie von Dijon 1749 „Hat der Wiederaufstieg der Wissenschaften und Künste zur Läuterung der Sitten beigetragen?“ eine Antwort gegeben, nämlich: „Unsere Seelen korrumpieren in dem Maße, in dem unsere Wissenschaften und Künste fortschreiten zur Vollkommenheit“ (Rousseau, 1987, 37). Im Lichte der Klimakrise stehen wir 270 Jahre später vor derselben Frage, nur mit dem Unterschied, dass die Wissensproduktion sich exponentiell beschleunigt und sich durch Verselbstständigung menschlicher Steuerung entzieht.

Zunächst geht es um die Quantität des Wissens. Als Rousseau den Preis der Akademie gewann, gab es auf der Welt zehn wissenschaftliche Zeitschriften. Die ersten beiden erschienen 1665 in Paris „Journal de savant“ und in London „Philosophical Transactions of the Royal Society of London“. Seit 1750 verzehnfachten sich die Neuerscheinungen alle 50 Jahre (vgl. Solla Price, 1961). Ein Sättigungsgrad ist nicht in Sicht. Bis 1980 steigerte sich die wissenschaftliche und technische Information jährlich um 13 Prozent, also eine Verdoppelung in weniger als 8 Jahren. Heute sind es bis zur Verdoppelung nur Monate. Etwa 60 Prozent aller wissenschaftlichen Informationen wurden nach dem Zweiten Weltkrieg produziert (vgl. Naisbit, 1984).

Dieses atemberaubende quantitative Wachstum von Wissen ging einher mit einer parallellaufenden qualitativen Veränderung des Wissens während der vergangenen 400 Jahre. Auch das kann man an einem Datum festmachen. Der Philosoph und Staatsmann Francis Bacon (1561–1626) schreibt 1620 in seinem Buch „Novum Organon Scientiarum" den viel beachteten und oft zitierten Satz, der 230 Jahre später zum Kampfbegriff der Arbeiterklasse wurde: „Knowledge itself is power" [Wissen selbst ist Macht] (Bacon, 124). Mit diesem geänderten Bewusstsein in der Geschichte der Wissenschaft, indem Wissen eine neue gesellschaftsrelevante Bedeutung erhält, verändert sich das Wissen selbst.

Die empirisch-analytische Methode am Anfang der Neuzeit öffnet die Tür zur technisch-industriellen Revolution. Ab da erzeugt sich wie in einem Zauber Information selbst und selbstständig.

Durch die Lehre von der Informationsübertragung und Kontrolle bei Maschinen und Lebewesen (Wiener, 1952) und der Abkehr vom mechanischen hin zum zielgerichteten Systemdenken wird der Computer als technische Abbildung dieses Denkansatzes möglich. „Dieser Vorgang schafft die Voraussetzung, auch komplexe natürliche und soziale Systeme und Prozesse zu durchdringen, abzubilden und zu manipulieren. Anders ausgedrückt, es ist die Entwicklungsstufe der Produktivkraft ‚Wissenschaft und Technologie', von der aus auch kognitive, sensitive und operative Funktionen des Menschen durch intelligente Technologien erzeugt werden können" (Kreibich, 13 f.).

Diese schöne neue Welt des alles Machbaren lässt uns orientierungslos zurück. Antworten auf Fragen: „Wie sollen wir uns verhalten? Was sollen wir tun? Wie sollen wir mit der Natur umgehen? Wie wollen wir in Zukunft leben?" erhalten wir nicht.

Kommen wir zurück auf die Preisfrage von 1749 und ergänzen sie durch einen Gedanken Bertolt Brechts (1899–1956), wenn er im „Leben des Galilei“ den durch die Inquisition Verfolgten nachdenken lässt:

> „Ihr möget mit der Zeit alles entdecken, was es zu entdecken gibt, und euer Fortschritt wird doch nur ein Fortschreiten von der Menschheit fort sein“ (Brecht, 677).

Mehr als 220 Jahre nach Rousseau beurteilt Bertolt Brecht die Frage nach dem Verhältnis der wissenschaftlichen Aufklärung des Geistes sowie der Entwicklung des Humanen ähnlich pessimistisch.

Auch Karl Marx (1818–1883) drückt dies in seiner unnachahmlichen Art noch schärfer aus, wenn er schreibt:

> „Die Menschheit wird Herr in der Natur, aber der Mensch wird Sklave des Menschen oder Sklave seiner eigenen Niedertracht. Sogar das reine Licht der Wissenschaft kann, so scheint es, nur vor dem dunklen Grund der Unwissenheit strahlen. Das Resultat aller unserer Erfindungen und unseres Fortschritts scheint zu sein, daß materielle Kräfte mit geistigem Leben ausgestattet werden und die menschliche Existenz zu einer materiellen Kraft verdummt“ (zit. b. Schmidt, 7).

Fortschritt wird heute mit technischem Fortschritt, an quantitatives Wachstum gekoppelt. Der naturwissenschaftlich-technische Fortschrittsglaube gaukelt uns vor, Wissenschaft im Verbund mit Technologie sei in der Lage, jedes Problem zu lösen. Diesem Glauben müssen wir einen interdisziplinären, wissenschaftlichen, integrativen Diskurs entgegensetzen. Erstmals seit Galilei, nämlich seit dem Übergang vom magischen zum funktionellen, vom funktionellen zum experimentellen, vom experimentellen zum vernetzt digitalen Denken, stehen wir heute vor einer ähnlichen Situation wie vor 400 Jahren. Wie damals brauchen wir eine neue Qualität des Denkens, ein radikales Umdenken. „Jede Abgrenzung ist die Negation des Ganzen" (Baruch de Spinoza, 1662–1677). Wenn wir aus den Natur- und Technikwissenschaften Geschichte, Philosophie und Sozialwissenschaften ausgrenzen und damit das Leben nicht ganzheitlich betrachten, grenzen wir Moral und Verantwortung aus.

> „Eine Wissenschaft, die angeblich Lösungen für die großen Belange anbietet, müsste notwendigerweise alles aufgreifen, was die Erkenntnis in anderen Wissenschaftsbereichen hervorgebracht hat, einschließlich der Philosophie und Sozialethik. Das ist aber eine Leistung, die heute nur schwer erbracht werden kann. Deshalb kann man auch keine wirklichen ethischen Horizonte erkennen, auf die man sich beziehen könnte" (Franziskus, 88).

Die vornehmste Aufgabe jeder Forschung und Entwicklung ist nicht die Gefährdung, sondern die menschenwürdige Erhaltung des Lebens. Zurzeit bewegen wir uns immer mehr auf eine Gefährdung zu.

Zwei Grundvoraussetzungen, aus denen sich weitere Voraussetzungen ergeben, müssen erfüllt sein, wenn die Gefährdung menschlichen Lebens noch abgewendet werden soll. Wir brauchen ein anderes Verhältnis zur Natur und eine moralische Wende.

Die kapitalistische Wirtschaftsordnung und die Natur befinden sich in einer Art Kriegszustand.

Der Sieger steht aber schon fest. Es ist die Natur. Die Natur ist stärker als der Mensch. Sie wird bis zu ihrer physischen Vernichtung durch die Zerstörung der Sonne existieren, ob der Mensch da ist oder nicht. Folgt man dieser Auffassung – widerlegbar ist sie kaum – dann bleibt für den Menschen nur eine Konsequenz, als Teil der Natur sich ein- und unterzuordnen. Der Planet bedarf für seine Existenz nicht des menschlichen Bewusstseins. Sehr wohl aber braucht der Mensch die Natur, um sein Dasein zu gestalten, allerdings nur im Einklang mit ihr. Dies bedeutet, von der Natur mit Verstand ausgestattet, darf er die zur Verfügung gestellten Ressourcen nicht wie bisher überstrapazieren. Er darf nur so viel sich durch Arbeit aneignen, wie die Natur in der Lage ist, sich wieder nachhaltig zu reproduzieren. Die bisherige Ausbeutung der Natur, ohne auf sie Rücksicht zu nehmen, müsste eigentlich sofort beendet werden. Dies bedeutet nicht nur „eine Versöhnung der Menschheit mit der Natur [sondern gleichzeitig] mit sich selbst".

So richtig dieser Gedanke von Friedrich Engels (1820–1895) ist, so fraglich bleibt, ob die Aussöhnung nur im Sozialismus zu verwirklichen ist (vgl. Engels b. Schmidt, 130).

Wie immer wir das System nennen. in dem eine Aussöhnung des Menschen mit der Natur erreicht wird, entstehen wird es nur, wenn jeder Mensch als gleich viel wert gilt und jeder Mensch nach den gleichen moralischen Grundsätzen lebt. Anders ausgedrückt, wenn sich so etwas entwickelt wie eine universale Moralität, eine Moralität gleich gültig und unabhängig von Kulturräumen.

Auf diese universale Moralität hat uns Immanuel Kant schon 1785 in seiner Schrift „Grundlegung der Metaphysik der Sitten“ und in „Kritik der praktischen Vernunft“ von 1788 hingewiesen und einen Weg aufgezeigt.

Im zweiten Abschnitt der Grundlegung formuliert er den kategorischen Imperativ: „Handle nur nach derjenigen Maxime, durch die du zugleich wollen kannst, daß sie ein allgemeines Gesetz werde“ (Kant, 215). Ein paar Zeilen weiter führt er ihn fort im „Imperativ der Pflicht“: Handele so, als ob die Maxime deiner Handlung durch deinen Willen zum allgemeinen Naturgesetze werden sollte“ (ibid., 216; ähnlich: 310). Diese beiden Maximen sagen nicht mehr und nicht weniger, als dass alle Menschen gleich sind. Von daher hat auch jeder Mensch das Recht, am guten Leben teilzuhaben.

Daran sehen wir, wie weit wir 2020 von diesen Maximen entfernt sind.

Nehmen wir noch zur näheren Bestimmung den erläuternden Grundsatz hinzu: „Handle so, dass du die Menschheit sowohl in deiner Person als in der Person eines jeden anderen jederzeit zugleich als Zweck, niemals bloß als Mittel brauchst“ (ibid., 226). Auch diese Maxime ist nur dann eine gute Idee, wenn nicht e i n Mensch, in dem quasi die ganze Menschheit gespiegelt ist, keine Gruppe von Menschen ausgegrenzt wird. Dies bedeutet genau das Gegenteil von jeglichem Eurozentrismus, der nicht erst seit Kant Europas Weg bestimmte und teilweise noch immer bestimmt.

Kant beruft sich auf den Philosophen Christian Wolff (1679–1754), indem er auf dessen „allgemeine praktische Weltweisheit" hindeutet (vgl. ibid., 177). Worum es also geht, ist die Unterordnung aller Staaten, ja, aller Individuen unter e i n e universale Moralmaxime zu stellen.

Die Forderung Kants will ich an dieser Stelle ergänzen durch einen Gedanken des jüdischen Philosophen Hans Jonas (1903–1993), der in seinem Buch „Das Prinzip Verantwortung" warnt:

> „Das Wesen menschlichen Handelns habe sich völlig geändert. Erstmals in der Geschichte könne die Menschheit sich selbst und die ganze Erde vernichten" (Jonas, 35).

Ganz im Sinne Kants, teilweise darüber hinausweisend, mahnt er uns:

> „Handle so, daß die Wirkungen deiner Handlungen verträglich sind mit der Permanenz echten menschlichen Lebens auf Erden; oder negativ ausgedrückt: Handle so, daß die Wirkungen deiner Handlungen nicht zerstörerisch sind für die künftige Möglichkeit solchen Lebens; oder einfach: Gefährde nicht die Bedingungen für den indefinitiven Fortbestand der Menschheit auf Erden; oder wieder positiv gewendet: Schließe in deine Wahl die künftige Integrität des Menschen als Mitgegenstand deines Wollens ein" (Jonas, 36).

Auch das jüngst vorgelegte Buch von Markus Gabriel verstehe ich in diesem Kontext, der von der Hoffnung ausgeht, dass

„Moralischer Fortschritt in dunklen Zeiten" weltweit möglich sei. Obwohl ich seinen Optimismus nicht teile, hoffe ich auch.

Kant hat uns einen Weg aufgezeigt, dass und wie wir zu einer universalen Moralität kommen können. Das Ergebnis ist Egozentrik und internationale Zerstrittenheit. Wenn wir die seit Jahrhunderten rücksichtslose Ausbeutung der Natur beenden und sofort damit beginnen, können wir vielleicht noch die Selbstausrottung der Menschheit verhindern.

4 Das Mögliche ist das Reale

Prolog

> „Denn das Reale enthält in seinem Sein die Möglichkeit eines Seins wie die Utopie, das es gewiß noch nicht gibt, doch es gibt fundierten, fundierbaren Vor-Schein davon und dessen utopisch-prinzipiellen Begriff, so politisch wie ethisch wie ästhetisch wie metareligiös" (Bloch, 1975, 238).

Durch geistiges Verarbeiten der Wirklichkeit erwacht Möglichkeit. Hierbei überschreitet das Denken die Grenzen der gelebten Realität und weist zurück auf Vergangenheit und Gegenwart. Es eröffnet sich sozusagen eine Handlungsperspektive, wie das „Kannsein" werden könnte.

> „Das Kannsein würde fast nichts bedeuten, wenn es folgenlos bliebe. Folgen hat das Mögliche aber nur, indem es nicht bloß als formal zulässig oder als objektiv vermutbar oder selbst als objektgemäß offen vorkommt, sondern, indem es im Wirklichen selber eine zukunftstragende Bestimmtheit ist" (Bloch, 1967, 1, 271).

Vom „Möglichkeitssinn" Europas

Robert Musil (1880–1942) argumentiert in seinem berühmten Roman „Der Mann ohne Eigenschaften", einem umfassenden

Zeitporträt kurz vor dem Ersten Weltkrieg, in ähnlicher Richtung wie Ernst Bloch (1885–1977):

> „Wenn es aber Wirklichkeitssinn gibt, und niemand wird bezweifeln, daß er seine Daseinsberechtigung hat, dann muß es auch etwas geben, das man Möglichkeitssinn nennen kann. Wer ihn besitzt, sagt beispielsweise nicht: Hier ist dies oder das geschehen, wird geschehen, muß geschehen, sondern erfindet: Hier könnte, sollte, müsste geschehen; und wenn man ihm von irgendwas erklärt, daß es so sei, dann denkt er: Nun, es könnte wahrscheinlich auch anders sein. So ließe sich der Möglichkeitssinn geradezu als die Fähigkeit definieren, alles, was ebenso gut sein könnte, zu denken, und das, was ist, nicht wichtiger zu nehmen als das, was nicht ist“ (Musil, 19 f).

Ein anderer Begriff für Möglichkeitssinn ist Utopie, in unserem Falle besser: konkrete Utopie.

Damit verbinden wir nichts Unrealistisches, Weltfremdes, Ideales, keine Hirngespinste, Luftschlösser oder Wunschbilder. Ebenso wenig verbinden wir damit Science-Fiction oder Anti-Utopien, wie etwa George Orwells (1903–1950) „1984“ oder Aldous Huxleys (1894–1963) „Brave New World“, die vom Totalverlust der Freiheit des Menschen durch nicht legitimierte Herrschaft ausgehen.

Auch meinen wir nicht geschlossene utopische Systeme wie „Der Staat“ von Platon (428/27–348/47), „Utopia“ von Thomas Morus (1478–1535), „Neu-Atlantis“ von Fracis Bacon (1561–1626) oder „Der Sonnenstaat“ von Thomasius Campanella (1568–1639).

Es ist auch nicht an Sozialutopien gedacht, wie etwa die von Joseph Fourier (1768–1830) oder Robert Owen (1771–1858), auch nicht an die gesamtgesellschaftliche Analyse von Karl Marx (1818–1883). Unser Ansatz ist auch keine Rückbesinnung oder Sehnsucht nach einer verlorenen Zeit, einem Goldenen Zeitalter oder einem paradiesischem Zustand.

Nein, mit konkreter Utopie verbinde ich ein grundlegendes Prinzip von Realität:

> „Konkrete Utopie steht am Horizont jeder Realität; reale Möglichkeit umgibt bis zuletzt die offenen dialektischen Tendenzen-Latenzen" (Bloch, 1967, 1, 258).

In seinem Buch „Das Prinzip Hoffnung" stellt Bloch in dem Kapitel „Freiheit und Ordnung" einen Gedanken Johann Gottlieb Fichtes (1762–1814) vorweg (vgl. ibid., 2, 547), der auch in großen Teilen meiner Vorstellung gelebter Utopie entspricht. Ich zitiere aus der Schrift selbst:

> „Ich kann mir die gegenwärtige Lage der Menschheit nicht denken als diejenige, bei der es nun bleiben könne; schlechthin nicht denken als ihre ganze und letzte Bestimmung. Dann wäre alles Traum und Täuschung, und es wäre nicht der Mühe werth, gelebt, und dieses stets wiederkehrende und auf nichts ausgehende und nichts bedeutende Spiel mit getrieben zu haben. Nur wenn ich diesen Zustand betrachten darf als Mittel eines besseren, als Durchgangspunkt zu einem höheren und vollkommeneren, erhält er Werth für mich; nicht um sein Selbst, sondern um des Besseren wil-

len, das er vorbereitet, kann ich ihn tragen, ihn achten und in ihm freudig das Meinige vollbringen.

In dem Gegenwärtigen kann mein Gemüth nicht Platz fassen, noch einen Augenblick vertun, unwiderstehlich wird er von ihm zurückgestoßen; nach dem Künftigen und Besseren strömt unaufhaltsam hin mein ganzes Leben" (Fichte, 104).

In diesen Gedanken Fichtes, die in einer zunehmend verstörenden Welt nichts an Aktualität verloren haben, ist ein Punkt zentral:

Jede Gegenwart ist nur dann „der Mühe werth", gelebt zu werden, wenn sie ein „Durchgangspunkt" in einer bessere Gesellschaft ist. Anders gewendet, wenn die lebende verantwortliche Generation den folgenden Generationen eine bessere Welt hinterlässt.

Eine Antizipation eines künftigen Europas beginnt mit einer Gegenwartsanalyse, weil nur aus der Kritik an dem jeweils gegenwärtigen Zustand erst Zukunftsvorstellungen erwachsen können.

In die Gegenwart fließen immer gemachte Erfahrungen, kollektive Erinnerungen aus der Vergangenheit ein. So wird durch das Band zwischen Vergangenheit und Gegenwart Zukunft hergestellt.

Die im ersten Teil des Buches analysierten Krisen, die in nur einem Jahrzehnt so massiv aufgetreten sind, scheinen mir nur Symptome für eine viel tiefer liegenden Krise zu sein. Nach meiner Auffassung sind es Zeichen einer grundlegenden Systemkrise, einer Systemkrise des erschöpften Nationalstaates und mit ihm der europäischen Integrationsversuche.

Unsere Vision einer konkreten Utopie zielt auf ein anderes Europa. Sie will einen Weg zu einer besseren, gerechteren europäischen Gesellschaft aufzeigen. Mit unseren Vorstellungen wenden wir uns gegen die Erstarrung des Systems, gegen das Steckenbleiben im Vordergründigen, gegen den lähmenden Funktionalismus, gegen die Ungleichheit zwischen den großen und kleinen Ländern, gegen die Bürgerferne im heutigen Lissabon-Europa, gegen die Dominanz der Nationalinteressen, vertreten im europäischen Rat der Staats- und Regierungschefs und vieles mehr.

Mit unserer konkreten Utopie, unserem europäischen Möglichkeitssinn wollen wir kein Idealbild malen. Dies würde nicht nur dem Adjektiv ‚konkret' widersprechen, sondern auch nicht den Horizont künftiger Möglichkeiten erhellen. Nein, wir wollen mit unserer Kritik Mittel und Wege eines anderen Europa aufzeigen, die zu einer radikalen Veränderung der heute vorfindlichen europäischen Gesellschaft führen sollen. Ob sich die Hoffnung von einem besseren, gerechteren, humaneren Europa, die in unserer Utopie steckt, verwirklichen lässt, ist zwar ungewiss, aber nicht unmöglich.

> „Um nicht nur von Tag zu Tag in die planlose Zukunft hineinzustolpern, sondern Zukunft als etwas zu erleben, dem wir mit einem selbstbestimmten Entwurf begegnen, brauchen wir ein [europäisches] Selbstbild von dem, das in einem stimmigen Zusammenhang mit der Vergangenheit stehen muss, wie wir sie uns erzählen" (Bieri, 23).

Wir werden die Konturen einer genossenschaftlich organisierten Gemeinschaft vorstellen, in der jeder Mensch in freier Selbstbestimmung seine Arbeitskraft und Identität zum Gemeinwohl beiträgt, je nach seinen Fähigkeiten und seinen Bedürfnissen.

Die Idee ist, ein Europa zu bauen in einer regionalisierten Republik.

Mit einer Idee, nicht selten einer utopischen Idee begann und beginnt jede Realität.

5 Zur Neugründung Europas

5.1 Europa – Eine Zustandsbeschreibung

Prolog

> „Europa bot nach dem Zweiten Weltkrieg ein Bild unbeschreiblichen Elends. Photographien und Dokumentarfilme zeigen Ströme armseliger Zivilisten, die hilflos durch zerstörte Städte und verwüstete Landstriche ziehen. Verwaiste Kinder streifen durch Ruinen, erschöpfte Frauen durchwühlen Trümmerhaufen. Kahlgeschorene Zwangsarbeiter und KZ-Überlebende in gestreifter Häftlingskleidung blicken leblos in die Kamera, krank und ausgezehrt. Selbst die Straßenbahnen, die auf schadhaften Gleisen dahinrumpeln, wenn es gerade Strom gibt, haben etwas Gespenstisches. Alles, mit erkennbarer Ausnahme der wohl genährten alliierten Besatzungssoldaten, wirkt erschöpft, geschwächt und entkräftet" (Judt, 29).

Das Image Deutschlands in der Welt war verheerend.

Die deutschen Verbrechen waren in ihrem Ausmaß vielleicht einzigartig in der Weltgeschichte. Paul Padover (1905–1981), Psychologe und Historiker in der Abteilung für Psychologische Kriegsführung (PWD), schrieb 1944 nach der Kapitulation Aachens in einem Brief: „Niemand wird verstehen, was die Europäer von den Deutschen halten, solange man nicht mit Belgiern, Franzosen oder Russen gesprochen hat. Für sie ist nur ein toter Deutscher ein guter Deutscher" (Padover, 144).

Die Hoffnungslosigkeit in Europa war so tiefgreifend, dass man glaubte, es werde Jahrzehnte dauern, bis Europa aus eigener Kraft wieder überlebensfähig wäre. Charles de Gaulle (1890–1970) verkündete 1945 „voller Überzeugung, daß es 25 Jahre ‚unermüdlicher Arbeit' bedürfe, bevor Frankreich wieder aufgebaut sei" (Judt, 112). Diesen Aufbau wollte Frankreich durch die Ausbeutung Deutschlands erreichen, durch das Verbot einer Rüstungsindustrie, durch Reparationen wie den Einsatz deutscher Arbeitskräfte, die Konfiszierung von Agrarprodukten, Holz, Kohle und Maschinen. Die Ressourcen an Rhein, Ruhr und Saar sollten ausschließlich Frankreich zukommen (vgl. ibid., 140). Obwohl diese Fehler schon nach dem Ersten Weltkrieg gemacht worden waren und nicht unerheblich zum Aufstieg Hitlers beigetragen haben, kann man Frankreich verstehen. Innerhalb von 70 Jahren führten Frankreich und Deutschland drei menschenverachtende Kriege gegeneinander.

Die zunehmende Entfremdung zwischen den vormaligen Kriegsalliierten zwang Frankreich – schon nach der Moskauer Außenministerkonferenz von 1947 – umzudenken. Der damalige französische Außenminister Georges Bidault (1899–1983) erklärte im Januar 1948:

> „Als Ziel sollte man den Alliierten wie den Deutschen die wirtschaftliche und politische Integration Deutschlands in Europa vorschlagen. [...]. Nur auf diesem Wege kann es ein politisch dezentralisiertes, aber wirtschaftlich blühendes Deutschland geben" (Bidault zit. b. Judt, 143).

Es war wohl nicht die Einsicht, die Frankreich zu einer Kehrtwende seiner Haltung veranlasste. Vielmehr waren es auf der einen Seite die zunehmend aggressivere Politik Moskaus und auf der anderen Seite der Druck der Amerikaner.

Schon früh sahen die USA ein, dass ohne ein wiedererstarktes Deutschland dem Expansionsdrang Stalins nicht begegnet werden konnte. Spätestens nach Gründung der Bundesrepublik Deutschland 1949 verfolgte Frankreich deren Einbindung in eine europäische Gemeinschaft als die zweitbeste Lösung, um Deutschland zu kontrollieren.

> „Der Erste Weltkrieg zerstörte das alte Europa, der Zweite schuf die Bedingungen für ein neues" (ibid., 21).

Liest man diese Zeilen, so kann man ermessen, welche Leistung im Aufbau Europas steckt. Nur ein Verlust dessen, was 70 Jahren europäischer Einigungsbemühungen erreicht wurde, würde zeigen, welche Vorteile bei aller berechtigten Kritik wir gewonnen haben.

Die Erfolge

Die Weichen für die europäische Nachkriegsordnung wurden 1948 in den Haag gestellt. Dort versammelten sich über 700 Vertreter aus 17 Ländern, auf der einen Seite die Intergouvernementalisten, auf der anderen die Föderalisten. Ganz im Sinne Churchills, der zwar in seiner berühmten Züricher Rede vom 19. September 1946 die Vereinigten Staaten von Europa forderte, jedoch ohne britische Beteiligung (vgl. Europa-Dokumente, 1992, B3, 113 ff.). Unter der Leitung seines Schwiegersohnes, Duncan Sandys, setzen sich am Schluss die Anhänger eines europäischen Bundes souveräner Staaten durch (vgl. näheres Kap. 2.4). Dennoch muss das Ergebnis des Haager Kongresses bei den Erfolgen europäischer Nachkriegsgeschichte verbucht werden. Denn die Folge war die Gründung des Europarates 1949, zwar nur eines Bundes souveräner Staaten, aber das Gewissen Europas (vgl. ibid., B7, 145 ff.).

Der entscheidende Sprung in den Beginn einer neuen Zeit gelang mit der Gründung der Europäischen Gemeinschaft für Kohle und Stahl (EGKS), am 23. Juli 1952 in Kraft getreten. Sie war die Grundvoraussetzung für die Aufhebung des jahrhundertelangen Rivalitätsdenkens zwischen Frankreich und Deutschland. Die Versöhnungsidee Jean Monnets (1888–1979) wurde als reale Politik am 9. Mai 1950 von Robert Schuman (1886–1963) nach Konsultationen mit Konrad Adenauer (1876–1967) der Öffentlichkeit vorgestellt. Der grundlegende Satz des Dokuments lautet: „Durch die Zusammenlegung der Basisproduktion und die Errichtung einer Hohen Behörde, deren Entscheidungen für Frankreich, Deutschland und sich anschließenden Länder verbindlich sind, werden die ersten konkreten Grundlagen einer europäischen Föderation geschaffen, die unerläßlich ist für die Wahrung des Friedens" (Monnet, 380).

Nach meiner Auffassung war Europa einer Integration nie näher, wenn auch nur sektoral.

Integration wird hier im Sinne Johan Galtungs verstanden als „ein Prozess, bei dem zwei oder mehr politische Akteure einen neuen politischen Akteur bilden" (Galtung, 375).

Mit der supranationalen Kontrolle über die notwendigen Rohstoffe zur Waffenproduktion begann eine wunderbare Friedensperspektive, allerdings nur für einen Teil Europas. Zu keinem Zeitpunkt in der Geschichte Europas gab es einen solch dauerhaften Frieden zwischen so vielen Völkern Europas. Man kann gar den Kantschen Begriff vom „Zum ewigen Frieden" (1794) bemühen. Aus Feinden wurden Nachbarn, aus Grenzen Verbindungslinien. Wenn das europäische Projekt nichts anderes erreicht hätte, als Frieden in Europa zu stiften, so hätten sich die Anstrengungen gelohnt. Dies kann nicht oft genug der jetzt lebenden Generation, von der nur noch wenige die Schrecken des Krieges erlebt haben, ins Bewusstsein gerufen werden. „Frieden ist zwar nicht alles, aber ohne Frieden ist alles nichts" (Willy Brandt, 1913–1992). Allerdings führt uns die Ukraine (vgl. Kap. 2.3) vor Augen, wie gefährdet der Friede ist, und wie schnell sich mitten in Europa eine gefährliche Eskalationsspirale entwickeln kann. Dabei werden nicht selten Erinnerungen an alte Vorkriegszeiten wach.

Während zu Beginn der 1950er-Jahre der Gedanke nicht abwegig erschien, Europa ohne die sakrosankte Souveränität der Nationalstaaten bauen zu können, verblasste dieser Gedanke zunehmend mit der Konsolidierung der Staaten.

Mit der Gründung der Europäischen Wirtschaftsgemeinschaft, in Kraft getreten am 1. Januar 1958, begann das größte Modernisierungsprojekt seit Beginn der Industrialisierung und Napoleon Bonapartes (1769–1821) Aufstieg. Es entstand der größte Wirtschaftsblock der Welt. Damit begann aber auch die Unterordnung künftiger Entwicklung unter ökonomische Effizienz. Im Grunde ist die Europäische Union bis heute das geblieben, was sie von Anfang an war: eine Wirtschaftsgemeinschaft. Von einer Union im klassischen politikwissenschaftlichen Sinne ist sie nach wie vor weit entfernt.

Dreißig Jahre nach Verabschiedung der Römischen Verträge brachte die Einheitliche Europäische Akte (EEA) einen wichtigen Fortschritt in den Integrationsbemühungen. Das Europäische Parlament, erstmals 1979 von den Bürgerinnen und Bürgern direkt gewählt, wurde gestärkt, die Zusammenarbeit zwischen den Institutionen verbessert, Kompetenzen und das Mehrheitsprinzip auf neue Politikbereiche ausgeweitet.

Der größte Erfolg der Gemeinschaft war die Verabschiedung des Vertrags von Maastricht 1992: „Vertrag über die politische Union und die Wirtschafts- und Währungsunion". Das Parlament entscheidet in Zukunft mit, der Binnenmarkt wird geschaffen, die politische Zusammenarbeit gestärkt, eine gemeinsame Außen- und Sicherheitspolitik angestrebt und die Währungsidee auf den Weg gebracht.

Im Sinne einer Demokratisierung der Gemeinschaft konnten die im Europaparlament vertretenen Parteien erstmals 2014 mit Spitzenkandidaten für den Präsidenten der Kommission um die Gunst der Wähler werben. Gegenüber den bisherigen Gepflogenheiten, den Kommissionspräsidenten in Absprache zwischen den Staats- und Regierungschefs auszuwählen, war dies demokratietheoretisch ein nicht zu unterschätzender Fortschritt. Man glaubte, Europa könne dahinter nicht mehr zurückfallen. Ein Irrglaube, wie die Wahl Ursula von der Leyens 2019 zur neuen Kommissionspräsidentin zeigte.

Die Einführung des Euro als Zahlungsmittel 2002, in nunmehr 19 Ländern, bedeutete einen Integrationsfortschritt und einen europäischen Identitätszuwachs. Allerdings liegt auch der unvollendeten Währungsunion der Irrglaube zugrunde, man könne über eine einheitliche Währung Volkswirtschaften einigen. Umgekehrt ist es richtig, erst eine Einigung der Volkswirtschaften macht eine einheitliche Währung möglich, wie historische Beispiele belegen.

2004 wurde die EU um zwölf neue ost- und mitteleuropäische Staaten erweitert. Trotz aller Kritik und bis heute nicht bewältigter ökonomischer Folgewirkungen wurde etwas erreicht: Die hunderte Jahre alte Teilung des geschundenen europäischen Kontinents wurde aufgehoben, ein nicht zu unterschätzender Beitrag für eine europäische Friedensordnung.

Zu den wichtigen Erfolgen kann auch das Abkommen von Schengen (1985) gerechnet werden, das einen wesentlichen Pfeiler des „Raumes der Freiheit, der Sicherheit und des Rechts" der Europäischen Union ausmacht. Es nutzte vor allem dem europäischen Binnenmarkt, aber auch jedem einzelnen Mitglied der EU, die dem Abkommen beigetreten sind, mit dem Vorteil ungehinderter Reise- und Niederlassungsfreiheit.

Obwohl die Kulturpolitik eher stiefmütterlich in der EWG/EU behandelt wurde und immer noch wird, hat kaum ein einzelnes europäisches Projekt eine solche Wirkung erzielt wie der Jugendaustausch: Erasmus, Erasmus-Mundus, Leonardo, Tempus, Jugend in Aktion u.a. (vgl.auch: Menasse, 2012, 77). Mit wenig Geld, doch hocheffizient haben diese Projekte das Bewusstsein vieler junger Menschen über gleichwertige kulturelle Unterschiede in Europa geprägt. Eine Hoffnung.

Defizite

Auf mehreren Ebenen der Europäischen Union lassen sich erhebliche Demokratiedefizite feststellen. Nach meiner Auffassung liegt der entscheidende Geburtsfehler bei der Gründung des europäischen Projekts in der fehlenden Gewaltenteilung und damit in der gegenseitigen Kontrolle der Gewalten. Seit Montesquieu, also seit etwa 300 Jahren, haben wir gelernt, dass nur eine Gewaltenteilung gegenseitige Kontrolle garantiert und das Omnipotenzstreben der Macht in Schranken hält. In den Römischen Verträgen wird zwar formal mit der Kommission, dem Rat dem Parlament und dem Gerichtshof ein „Organgeflecht" angedeutet, die Gewaltenteilung suggeriert, aber höchst asymmetrisch angelegt ist.

Machtausübung und direkte demokratische Legitimation driften auseinander. Nach wie vor ist die eigentliche Legislative der EU der Europäische Rat, besonders in der Form der Staats- und Regierungschefs, wenn auch zunehmend unter Mitwirkung des Parlaments. Der Rat bezieht seine Legitimation aus den Wahlen in den Mitgliedstaaten. Jedoch mit zunehmenden Mehrheitsentscheidungen im Rat wird selbst dieser Legitimationsanspruch fraglich. Hierbei offenbart sich ein Legitimationsdilemma insofern, als einerseits Mehrheitsentscheidungen die Effizienz des Systems stärken, andererseits die aus den Mitgliedstaaten abgeleitete Legitimation untergraben.

Das Parlament bezieht zwar seine Legitimation aus europaweiten Wahlen, wenn auch nach nationalen Regeln und nicht grenzüberschreitend. Dies schlägt sich jedoch nicht nieder in einer umfassenden Souveränität der Gesetzgebung und der Bestellung einer Regierung. Solange dies nicht der Fall ist, bleibt das Demokratiedefizit virulent. Mit einer Änderung ist kaum zu rechnen, weil die Nationalstaaten nicht bereit sind, ihre Souveränität aufzugeben. Noch weniger werden sie bereit sein, den Rat der Staats- und Regierungschefs abzuschaffen. Nach meiner Auffassung wäre dies die einzige Chance, das bestehende EU-System von Grund auf zu demokratisieren.

Ein weiteres Hauptdefizit des europäischen Einigungsprozesses liegt in der fehlenden diskursiven Auseinandersetzung der EU-Eliten mit ihren Bürger*Innen. Die Völker Europas, die eigentlichen Träger einer zukünftigen europäischen Ordnung, bleiben nun schon 70 Jahre außen vor. Die herrschenden Politeliten wissen, was für ihre Völker gut ist oder nicht. Die Völker wurden zwar mit den Direktwahlen für das Europaparlament formal einbezogen, aber mehr oder weniger ohne Wirkung. Von Beginn an war das Projekt Europa eine Angelegenheit der europäischen Eliten, an dem der „normale" Mensch keinen Anteil hatte und auch heute noch nicht hat (vgl. dazu: Habermas, 78 f.). Die Europäische Union ist ein Rückfall in „vorkonstitutionelle" Verhältnisse. „Jenes Defizit [der Demokratie] ist also nichts weiter als ein vornehmer Ausdruck für die politische Entmündigung der Bürger" (Enzensberger, 51 f.).

Da es keine europäische Öffentlichkeit gibt, weil Diskurse und Kommunikation aber an Verstehen durch Sprache gebunden sind, bleiben Informationen über Europa immer national gefärbt. Meinungs- und Willensbildung über Europa vollziehen sich in Parteien, Parlamenten, Verbänden, Nicht-Regierungsorganisationen. Dies findet für die Union nur rudimentär statt.

Eine europaweite zivilgesellschaftliche Infrastruktur existiert nicht einmal in Ansätzen. Eine solche Infrastruktur ist aber für jedes demokratische Gemeinwesen unerlässlich. Gleicher Informationszugang für alle europäischen Bürger*Innen ermöglicht erst die notwendige Partizipation und somit die Akzeptanz von Entscheidungen.

Die vornehmliche Konzentration der Brüsseler Behörden auf ökonomische Sachverhalte, marktrational und bürokratisch hat bisher wenig Raum für die zunehmend wohlfahrtsstaatlichen Notwendigkeiten übrig. Das heutige Europa ist mehr oder weniger ein wirtschaftliches Europa geblieben, was es von Anfang an war. „Was mich am meisten beunruhigt, ist die himmelschreiende Ungerechtigkeit, die darin besteht, dass die sozialisierten Kosten des Systemversagens die verletzbarsten Gruppen am stärksten treffen" (Habermas, 99).

Da die gegenseitige Blockade zwischen Föderalisten und Unionisten, ein Streit seit der Haager Konferenz von 1948, nicht auflösbar ist und nur kleinste funktionalistische Fortschritte im Einigungsprozess zulassen, gehen wir davon aus, dass mit den Nationalstaaten Europa nicht zukunftsfähig ist. „Entweder geht das Europa der Nationalstaaten unter, oder es geht das Projekt der Überwindung der Nationalstaaten unter" (Menasse, 107).

Die Nationalstaaten könnten allerdings der guten europäischen Sache einen letzten Dienst erweisen, indem sie sich im Sinne Hegels (1770–1831) aufheben, also auflösen und auf einer höheren Ebene in einer europäischen Republik aufgehen.

5.2 Die doppelte Systemkrise

Der Nationalstaat und mit ihm die nationalstaatlich basierte Europäische Union befinden sich in einer Mehrebenenkrise – institutionell, finanziell, ökonomisch, sozial, wertorientiert, sinnhaft – kurzum in einer systemischen Existenzkrise (vgl. Kap. 2 des Buches; Böttcher, 2019, 503 ff.; Böttcher, 2016, 190).

Europa hat in seiner 70-jährigen Geschichte viele Krisen mehr oder weniger erfolgreich bestanden. Das System wurde aber nie in Frage gestellt. Diese Krise, in der wir uns jetzt befinden, ist anders als alle bisherigen. Sie kann nicht mit einem Formelkompromiss geregelt, schon gar nicht gelöst werden. Wir haben es mit einer Systemkrise epochalen Ausmaßes zu tun, einem Übergang von einer historischen Phase in eine andere. Sie ist vergleichbar mit den ganz großen Umbrüchen in der Vergangenheit, wie etwa der Neuordnung nach dem 30-jährigen Krieg 1648 oder der Französischen Revolution und deren Folgen 1789. Die derzeitige Krise rüttelt an den Fundamenten der westlichen Gesellschaften, aber auch an denjenigen weltweit. Wir stehen ohne Orientierung da, ohne Perspektiven, wie wir in Zukunft leben wollen.

Nach Auflösung der antagonistischen Ideologien – hier der Kapitalismus, dort der Kommunismus – damit einhergehend der Auflösung der Sowjetunion, glaubte man, der Kapitalismus habe nun endgültig den Kommunismus besiegt. Man glaubte, nun könne die Welt in einem kapitalistischen Miteinander aufgebaut werden. Das Gegenteil ist eingetreten: überbordender Nationalismus, Abschottung, Fremdenfeindlichkeit, der unaufhaltsame Aufstieg Chinas und vieles mehr. Dies erzeugt in bedrohlichem Maße Ratlosigkeit, Angst und Orientierungslosigkeit. Nach meiner Auffassung ist das vorfindliche System nicht reformierbar, sondern kann nur grundlegend im Sinne Hegels (1770–1831) aufgehoben werden, also aufgelöst, um auf höherer Ebene mit einer neuen Qualität zu entstehen (vgl. Kap. 5.4 des Buches).

Der Hauptstörenfried für die Neuordnung in einem transnationalen Europa ist der Nationalstaat. Er steckt selbst in der Krise, ist weitgehend erschöpft. Er ist auch die eigentliche Ursache für die Systemkrise, in der sich die EU befindet. Sowohl die Nationalstaaten als auch mit ihnen die Europäische Union leben noch in Zeiten der Staatsräson mit der sakrosankten Souveränität als oberstem Ordnungsprinzip (vgl. Kap. 5.3 des Buches). Nur über eine Verlagerung nationalstaatlicher Souveränität auf die EU-Ebene hätte eine postnationale Demokratie eine Chance gehabt.

Der Nationalstaat hat seine historische Funktion erfüllt, wie zum Beispiel in seiner Rolle bei der Überwindung des Feudalismus. Auch ist er nicht „das letzte Wort der Geschichte". „Die Nationen [und mit ihnen die Nationalstaaten] sind nichts Ewiges. Sie haben einmal angefangen. Sie werden einmal enden", wie es Ernest Renan formulierte (Renan, 447). Der Nationalstaat ist an die Nation gebunden, nicht aber die Nation an einen Nationalstaat, wie zum Beispiel die Nationen der Kurden, Schotten, Basken, Katalanen zeigen.

> „Der Nationalstaat steht unter einem doppelten Druck. Er wird durch vielfältige Kräfte von innen und außen verändert. Von innen ist er mit wachsendem Loyalitätsschwund

und zunehmender Orientierungslosigkeit seiner Bürger*Innen konfrontiert, weil er selbst orientierungslos geworden ist. Die Welt, in der der einzelne Mensch lebt, wird ständig unübersichtlicher" (Böttcher, 2014a, 715).

Der Loyalitätsschwund verdichtet sich in der Kritik der Bürger*Innen mit dem Gefühl, es gehe in der Gesellschaft nicht gerecht zu. Neben der Bildungsgerechtigkeit, der Steuergerechtigkeit, der Generationengerechtigkeit steht vor allem die Verteilungsgerechtigkeit im Focus. Die Ungleichheit zwischen arm und reich nimmt kontinuierlich zu.

Ähnliches gilt auch auf der europäischen Ebene. Das marktrationale Europa hat es nicht verstanden, die wunderbar humane, europäische Erfindung des Wohlfahrtsstaates in 70 Jahren höchst ökonomischer Effizienz europaweit durchzusetzen. Zum Beispiel wäre es ein Riesenfortschritt, wenn überall in Europa die Menschen vom Lohn ihrer Arbeit leben könnten. Stattdessen treffen „die sozialisierten Kosten des Systemversagens die verletzbarsten Gruppen am stärksten" (Habermas, 99).

Der Druck von außen auf den Nationalstaat nimmt durch die Globalisierung (vgl. Kap. 2.1) zu, gleichzeitig nimmt seine Handlungs- und Gestaltungsfähigkeit stetig ab. Er kann seine politischen und ökonomischen Ordnungsvorstellungen nur noch bedingt durchsetzen. Die „Ideologie der Weltmarktgesellschaft" blendet außer der ökonomischen Dimension alle anderen Dimensionen aus, wie etwa die unerlässliche soziale, die kulturelle, die ökologische, die politische und die zivilgesellschaftliche. Thomas Assheuer bringt es 2002 in „Die Zeit" auf den Punkt:

> „Es ist nicht nur Joseph Stiglitz [Nobelpreisträger für Wirtschaft 2001], der befürchtet, dass die neoliberale Überbietungslogik buchstäblich im Nichts endet. Ständig entdeckt die Abbau-Politik neue Hindernisse und Widerstände, die dereguliert und geräumt, flexibilisiert und gebrochen werden müssen, um die Fließgeschwindigkeit des Kapitals und des Wissens zu erhöhen. Zu Ende gedacht hieße das: Erst dort, wo nichts Altes, nichts Außerökonomisches mehr auffindbar ist, käme die Ökonomie zur vollen Blüte" (Assheuer, 43).

Die Überbewertung des Ökonomischen – vielleicht aus der Situation der Nachkriegszeit nachvollziehbar – vor allen anderen Lebensbereichen war der eigentliche Geburtsfehler bei der Gründung der Europäischen Wirtschaftsgemeinschaft. Man hat es allerdings nicht im weiteren Verlauf der 70-jährigen Geschichte der sogenannten Europäischen Union verstanden, diesen Geburtsfehler zu beseitigen. Zwar haben Politiker in vielen Sonntagsreden die europäischen Werte wie Gleichheit, Solidarität, Humanität wie ein Mantra vor sich hergetragen. Von der spirituellen Kraft, die davon hätte ausgehen können, ist bei den Menschen nichts angekommen. Stattdessen hat man zum Beispiel auf dem Junigipfel 2018 der Europäischen Union eine „Umwertung der Werte" (Nietzsche) vorgenommen. Die vertretenen Repräsentanten der Nationalstaaten haben sich nicht geschämt, Internierungslager in Libyen zu finanzieren, um gerettete Bootsflüchtlinge zurückzuschicken; europäische Rechtsgrundsätze aufzugeben, nach denen Flüchtlinge ihre Rechte vor Gericht wahrnehmen können; im Angesicht von 68 Millionen

Flüchtlingen weltweit, bei einer europaweiten Aufnahme und Verteilung von 173 000 (2017) das europäische Projekt als gefährdet sehen (vgl. Kap. 2.2 des Buches).

Man hat weiter europäische Werte verraten, indem man mit sogenannten Demokraten wie dem Türken Recep Tayyip Erdoğan einen zweifelhaften Deal in der Flüchtlingsfrage eingegangen ist und damit erpressbar wurde. Man hat europäische Werte verraten, indem man dem Ungarn Viktor Orbán seine antidemokratischen, illiberalen Angriffe auf das europäische Demokratieverständnis mehr oder weniger folgenlos zuließ und weiter zulässt. Wenn dem Ungarn wie dem Polen Jaroslaw Kaczynski der Respekt vor einem der wichtigsten europäischen Grundwerte, der Rechtsstaatlichkeit, fehlt, wäre es besser, sie verließen die Union, bevor sie andere anstecken. Mit solchen und vielen anderen Umwertungen wie Umwertungsversuchen europäische Werte wird Europa über kurz oder lang in seine Einzelteile zerfallen. Diese wenigen Beispiele von vielen mehr zeigen, wie weit die europäische Sinnkrise schon fortgeschritten ist.

Noch ein Aspekt der Sinnkrise, man könnte auch von einer geistigen Krise Europas sprechen, ist die von Anfang an unbeantwortet gebliebene Frage, was für ein Europa wir wollen, in welchem Europa wir in Zukunft leben und welche Rolle wir in der Welt spielen wollen. Der alte Formelkompromiss, der sich bis heute durch die Präambeln der Verträge zieht, „einen immer engeren Zusammenschluss“ der Völker anzustreben, reicht nicht aus, um die Menschen emotional für Europa zu begeistern. Europa ist Europa, wenn es Gefühl ist. In siebzig Jahren konnte man sich nicht dazu durchringen, sich auf den Satz zu einigen: „Die Völker Europas schließen sich zusammen". Es fehlt als eine Finalitätsbestimmung für Europa, um Sinn zu geben. Die Menschen wissen nicht, wo die Reise hingeht. Es fehlen Ziele und Visionen. Wo aber keine Vision ist, „wird das Volk wild und wüst", wie es König Salomon (10. Jh. v. Chr.) schon vor mehr als dreitausend Jahren wusste.

Zusammenfassend stellen wir fest:

Die Völker Europas zu vereinen, war, ist und bleibt eine brillante Idee, die jedoch nie in der Wirklichkeit in ihrer vollen Möglichkeit angekommen ist. Von den Erbauern der ersten Stunde war sie gut gedacht, aber von den Nachfolgern schlecht gemanagt, zu einseitig ökonomisch, zu neoliberal, zu elitär, zu verkopft. Politisch und sozial ist sie ein Torso geblieben. Dies liegt ganz besonders an der fehlenden Bereitschaft der Nationalstaaten, nationale Interessen dem Gemeinschaftsinteresse unterzuordnen oder, anders ausgedrückt, Souveränität im notwendigen Maße auf die Union zu übertragen. So kann man auch die Krise, in der wir stecken, eine Krise der Souveränität nennen (vgl. Balibar, 2003, 220f./Balibar, 2016, 244 ff.). In der derzeitigen Form gemeinsamer Entscheidungsfindung in der EU wird Souveränität durch kollektive, meist einstimmige Beschlüsse der Staats- und Regierungschefs ausgeübt. Jeder Mitgliedstaat kann bei Angelegenheiten, die in seinem nationalen Interesse liegen, mit einem Veto die Beschlussfassung blockieren.

Nationalstaat und Nationalismus gingen im Laufe der Geschichte eine symbiotische Verbindung ein. Der zunehmende aggressive Nationalismus, eine der wesentlichen Ursachen für die Systemkrise, gaukelt Rückzug auf den anheimelnden Nationalstaat vor, verspricht Abschottung vor all dem, was national nicht eigen ist, einhergehend mit Fremdenfeindlichkeit. Er bedroht unsere in einer jahrhundertelangen Kulturgeschichte erworbenen Werte, die unsere Identität ausmachen. Er untergräbt unsere Demokratie. Nationalismus und Transformation des Nationalstaates müssen zusammen gedacht werden (vgl. Kap. 2.5 des Buches).

Die Schlussfolgerung aus der obigen Skizze über die Systemkrise und eine reformunfähige Europäische Union ist, diese neu zu gründen. Die sogenannten Realisten werden mich einen Utopisten nennen. Aber, was die Idee von einem anderen Europa verheißt „wird dann in Zukunft Wirklichkeit, wenn es in der Zeit verkündet wird, da es noch unmöglich scheint" (Hommes, 157; vgl. auch: Kap. 4 des Buches).

Ich kann mich voll und ganz Oskar Negt anschließen, wenn er am Ende seines Buches „Der politische Mensch" feststellt: „nur noch die Utopien sind realistisch" (Negt, 560).

Als realistische Vision schlage ich die Neugründung Europas in einer regionalisierten Republik vor.

5.3 Ideologische Grundzüge von Staatlichkeit

Die alte Staatsraison

Jahrhunderte lang bestimmten Ideologien wie Staatsraison und Souveränität das Fundament der heutigen Staatenwelt. An einigen Fixpunkten politischen Denkens wollen wir dies kurz verdeutlichen (vgl. Böttcher, 2014, 2 ff.).

Der „Personenverbandsstaat" des Mittelalters wurde im Frieden von Münster und Osnabrück 1648 endgültig durch den Territorialstaat abgelöst. Theoretische Voraussetzungen finden wir bei Niccolo Machiavelli (1469–1527):

> „Bei den Handlungen aller Menschen und besonders der Fürsten, wo es keinen Richterstuhl gibt, Beschwerde zu führen, sieht man auf den Erfolg. Ein Fürst trage daher Sorge zu siegen und den Thron zu behaupten, die Mittel werden immer für ehrenvoll gehalten und von Jedermann gelobt werden, denn der Pöbel läßt sich immer vom Scheine hinreißen und vom Ausgang der Sache" (Machiavelli, 176 f.).

Als Begriff taucht „Staatsraison" erstmalig zu Beginn des 16. Jahrhunderts bei Francesco Guiccardini (1483–1540), einem Freund Machiavellis, auf in dessen „Dialogo del Reggimento di Firenze". Im Hinblick auf eine Art italienisches Commonwealth werden dort unterschiedliche Staatsformen untersucht.

Als weiterer Italiener in diesem Dreierbund muss Giovanni Botero (ca. 1540–1617) genannt werden. In seinem Werk „Della Ragion di Stato" (1589) sah er als oberstes Staatsziel den Staatserhalt. Staatsraison definiert er als „die Kenntnis und den Gebrauch der Mittel und Maßnahmen, die erforderlich sind, um einen Staat zu gründen, zu erhalten und zu vergrößern" (zit. b. Münkler, 192).

Mit der neuen Staatlichkeit bildet sich auch die Staatsraison heraus. Gekennzeichnet war diese durch Institutionen im Kernbereich der Herrschaft, die den Bestand einer Gemeinschaft in Raum und Zeit garantieren. Die vorhergehende Herrschaftsform, geprägt durch ein Netz persönlicher Beziehungen, wurde durch überpersönliche, dauerhafte Treue- und Loyalitätsverpflichtungen von Personen auf Institutionen und die sie tragende Idee verlagert (ibid., 172 mit Bezug auf Strayer).

Daneben spielte die Kriegsfinanzierung eine wichtige Rolle. In Friedenszeiten konnte der Staat durch Eigenmittel finanziert werden. Um Kriege zu führen, musste er eine heilige, besser unheilige Allianz mit dem Geldadel eingehen. So finanzierte Anton Fugger (1493–1560) zum Beispiel die Türkenkriege Ferdinand I. 1534 und den Smalkaldischen Krieg 1547. Girolamo Franchetta (1558–1620) unterscheidet so auch konsequenterweise zwischen „ragione di stato" und „ragione di guerra". Michael Stolleis geht noch einen Schritt weiter, wenn er feststellt, der moderne Staat sei als Kriegsstaat in die Geschichte getreten (vgl. Stolleis, 68 ff.).

Als drittes charakteristisches Element dieser Staatlichkeit sei die zunehmende Ausweitung und Bürokratisierung des Staatsapparates angeführt (vgl. ibid., 69). Die Ausweitung der Staatsaufgaben konnte nicht mehr aus den personellen, unmittelbaren Ressourcen der Herrscher bewältigt werden. Somit wurde die neue Beamtenschaft zu politischen Mitträgern des Staatsapparates als Teil der Staatsraison. Von nun an gab es so etwas wie eine doppelte Loyalität der Angehörigen des Staatsapparates, zum einen dem Herrscher gegenüber, zum anderen dem Staat als Institution gegenüber (vgl. Münkler a, 191). Die staatliche Selbsterhaltung, unabhängig vom jeweiligen Herrscher, wurde zum dominierenden Imperativ. Der Herrscher wurde „dem Imperativ Staatlicher Selbsterhaltung" unterworfen, er wurde quasi „verstaatlicht" (vgl. Münkler b, 191).

Soweit einige Bemerkungen zur Staatsraison im Innenverhältnis. Durch die Gedanken des Hugenottenführers Henri de Rohan (1574–1638) wurde erstmals die zweite Seite der Staatsraison, deren Außendimension, in die politische Theorie eingeführt. Neben dem Staatserhalt nach Innen wurde der territoriale Zuwachs des Staates als wichtiges Staatsziel in die Raison integriert. Innen- und Außenpolitik wurden gleichberechtigte Elemente der Staatsraison (vgl. Schnur, 18 ff.). Allerdings ist im frühneuzeitlichen Staat auch die Handlungskompetenz nach außen durch die inneren Interessen bestimmt. Sie unterliegt keinerlei Einschränkungen. Bei Rohan deckt sich das Privatinteresse des Fürsten mit dem Staatsinteresse, selbst wenn er nur aus Eigeninteresse handelt (vgl. Salomon, 121 ff.). Voraussetzung für außenpolitisches Handeln bei sich wandelnden inneren und äußeren Umständen war die Fähigkeit, Hilfe zu gewähren oder Neutralität zu gewähren. Kritik entzündete sich an der Frage, dass nach der Maxime der Staatsraison das politische Ziel nicht „gesellschaftlich, sondern ausschließlich funktional auf den Fürsten als Positionsinhaber orientiert war" (Behnen, 180).

In der ersten Hälfte des 17. Jahrhunderts entzündete sich die Idee der Staatsraison vor allem an der Auseinandersetzung zwischen Ständen und Zentralgewalt. Immer mehr Widerstand organisierte sich gegen die Zentralisierungsbestrebungen des frühabsolutistischen Staates (vgl. Münkler a, 118). Die Frage, ob die Staatsraison mit der reichsständigen Verfassungskonstruktion kompatibel sei, wird von Philip von Chemnitz (1605–1678) verneint. Für ihn war das Reich weder eine Monarchie, noch stand der Kaiser über den Ständen. Er war lediglich ausführendes Organ des Reichstages. Die Souveränitätsrechte oblagen den Reichsständen in ihrer Gesamtheit. Mit der Forderung nach einer Art föderativem Recht für die Reichsstände war ein neues völkerrechtliches Verfassungselement geboren (vgl. Behnen, 177 ff.).

Je stärker die Gesellschaft mit ihren Bedürfnissen – die unterschiedlichen Interessen weiter Teile der Bevölkerung, die Interessengegensätze zwischen Regierenden und Regierten, zwischen Staats- und Privatangelegenheiten – bei staatlichem Handeln berücksichtigt werden musste, desto mehr verblasste die Staatsraison. Durch die Verknüpfung von Staat und Recht mit der Dominanz des Rechts, dem auch der Staat unterworfen ist, wurde die Staatsraison endgültig überwunden. Jedoch scheint sie mir im kollektiven Gedächtnis einiger Regierenden nicht ganz verschwunden. Ein gutes Beispiel dafür ist der immer wieder zitierte Satz, die Shoah sei ein Teil deutscher Staatsraison.

Auch lebt in gewisser Weise im sakrosankten Souveränitätsanspruch der Nationalstaaten die Staatsraison fort.

Die alte Souveränität

Staatsraison und Souveränität gingen zu Beginn des modernen Staatsverständnisses eine symbiotische Beziehung ein. Während die Staatsraison im öffentlichen Diskurs eher eine Nebenrolle spielt, ist dies anders bei der Souveränität.

Die systematische Entfaltung des Souveränitätsverständnisses können wir an einer Jahreszahl festmachen. 1576 erschienen in Paris *Six livres de la République* von Jean Bodin (1529/30–1596), das vielleicht wichtigste Werk über Politik seit Aristoteles (vgl. Enzyclopaedia Britannica, Vol. IV, 110).

Die rechte Ordnung menschlichen Zusammenlebens ist der moderne Territorialstaat mit der Familie als Keimzelle. Die Staatsidee beginnt sich an der Gerechtigkeitsidee zu orientieren. Neben dem „privaten Recht" wurde das „öffentliche Recht" eingerichtet. Es existieren Privateigentum (le propre) und das Staatseigentum (le commun) institutionalisiert nebeneinander. Das Gemeinsame im Staat erfordert eine souveräne Gewalt, um Privat- und Staatseigentum zu verwalten. Die souveräne Gewalt ist die Gesetzgebungsgewalt. Sie ist juristisch nicht weiter ableitbar. Bodin unterscheidet zwischen Recht und Gesetz, wobei letzteres nachgeordnet ist. Mit dieser Unterscheidung unterwirft er auch den Souverän dem meta-positiven Recht (vgl. Denzel, 256 ff.).

Im Inneren übt der Souverän nach Bodin nur dann seine Souveränität rechtmäßig aus, wenn er sich bestimmten Regeln unterwirft. Souveränität stellt das bestmögliche Mittel zu Wahrung des inneren und äußeren Friedens dar. In der Vorstellung Bodins bedingen sich innere und äußere Souveränität, so wie bis in unsere Tage (vgl. Quaritch, 53/64). Die äußere Unabhängigkeit des Souveräns ist durch Rechtsbeziehungen zu anderen Staaten begrenzt. Faktische Machtvollkommenheit besteht nicht. Derjenige ist souverän, der nicht dem Gesetz eines anderen Staates gehorchen muss. Dies bestimmt auch den Grad der Unabhängigkeit zwischen den Staaten, Über- und Unterordnungen. Hier spielt die Formel der Nicht-Einmischung in die inneren Angelegenheiten eines anderen Staates des Westfälischen Friedens eine herausragende Rolle für die Entwicklung des Völkerrechts. Es ist der Beginn der Souveränität als „prägender Grundsatz des Koexistenzvölkerrechts" (Singer, 22).

Im deutschen Sprachraum stand Souveränität als Fachausdruck seit Mitte des 17. Jahrhunderts für Freiheit und Unabhängigkeit eines Fürsten oder eines Landes. Mitte des 18. Jahrhunderts setzte sich der Souveränitätsbegriff im europäischen Völkerrecht endgültig durch. Wie bei Jean Bodin wurde Souveränität als freie, höchste, unbeschränkte und nicht ableitbare Gewalt verstanden, nach innen wie nach außen.

Die Revolution des Denkens in der Aufklärung und deren Manifestation in der Realität der Französischen Revolution veränderten grundlegend die Vorstellung von Souveränität. Vorbereitet wurde dies nicht zuletzt durch die wegweisenden Schriften von Jean-Jacques Rousseau, insbesondere durch *Du Contral Social* von 1762. Bis dahin war der Begriff Volk minderwertig gegenüber dem der Nation. Dies stand ganz im Gegensatz zu dem Begriff „populus" in der Römischen Republik, verbunden mit dem Stolz, Teil des römischen Volkes zu sein. Rousseau wendete den Begriff Volk ins Positive. Er postulierte die Volkssouveränität. Völlig verlor „Volk" seine Minderwertigkeit gegenüber „Nation" in der Romantik. Sie überhöhte den Begriff in eine „ästhetische Kategorie". Fürstenherrschaft wurde durch Volksherrschaft ersetzt. Der Ruf der Französischen Revolution – Freiheit, Gleichheit, Brüderlichkeit – setzte sich mehr und mehr durch – zumindest als Verfassungsnorm. Auf diesen

Prinzipien ruhte die Demokratie als politische Ordnung in den modernen Nationalstaaten des 19. Jahrhunderts. Nation und Volk verschmolzen zu einer Einheit.

An zwei Beispielen haben wir bis hierhin die Wandlung des Souveränitätsverständnisses kurz verdeutlicht: am Übergang vom Feudalstaat zum Territorialstaat und an dem in der Aufklärung entwickelten Begriff der Volkssouveränität.

Noch ein paar Bemerkungen zum Souveränitätsverständnis im 21. Jahrhundert.

Noch bis zum Zweiten Weltkrieg war das internationale System der Staaten untereinander durch Unabhängigkeit geprägt. Bündnisse gingen die Staaten nur zeitlich befristet ein, meist in Kriegsbündnissen. Nach dem Zweiten Weltkrieg setzte sich immer stärker die Erkenntnis durch, dass Abhängigkeit der Staaten voneinander das internationale System kennzeichnet.

Bis in unsere Tage sind die Nationalstaaten nicht bereit, aus dieser Erkenntnis notwendige Konsequenzen zu ziehen, nämlich, aus mehreren politischen Akteuren einen politischen Akteur zu bilden. (vgl. Galtung, 375 ff.). Das wäre dann eine wirkliche Integration gewesen. Wie uns der europäische Versuch, Europa zusammenzuschließen, lehrt, beharren die Nationalstaaten mehr oder weniger auf ihrer klassischen Souveränität. Es ist unübersehbar, dass der Nationalstaat immer weniger in der Lage ist, die großen Probleme der Menschheit – wie Umwelt- und Klimakrise; Kontrolle der Kapitalflüsse; bedrohliche Krankheiten; Energie- und Wasserversorgung; internationaler Terrorismus; überbordender Nationalismus; Erhalt der Biodiversität – zu lösen. Dennoch hält er an seiner Souveränität fest, obwohl es längst nur noch eine Scheinsouveränität ist.

Wie in vielen anderen Bereichen menschlichen Zusammenlebens, die sich in einem fundamentalen Änderungsprozess befinden, fehlen uns adäquate Begriffe, um den Wandlungsprozess angemessen zu beschreiben. „[…] Ganze Wörterbücher des Gesellschaftlichen und des Politischen [sind] veraltet – aber ihre Begriffe [werden] weiter verwendet" (vgl. Beck, 466; auch Singer, 25).

Man kann es auch so ausdrücken: Wir versuchen mit Begriffen des 19. Jahrhunderts das, was uns im 21. Jahrhundert erwartet, zu erklären. Zu solch veralteten Begriffen gehört auch die Souveränität.

Eine neue Staatlichkeit mit der Regionsräson

In vielen heute vorherrschenden politischen Systemen ist die Stellung des Menschen geprägt durch Demokratie als Staatsform, eine konservative Sichtweise.

In dem zukünftigen System, das wir anstreben, ist sie durch eine Demokratie als Lebensform gekennzeichnet, eine radikal demokratische Sichtweise.

Für die Vertreter einer Demokratie als Herrschaftsform ist diese wie die Monarchie oder die Aristokratie auch nur eine Herrschaftsform. Echte Demokratie kann lediglich durch Repräsentation praktiziert werden. Das Grundprinzip einer Repräsentation in diesem Sinne besteht darin, dass die Regierten den Regierenden für eine gewisse Zeit ein Amt übertragen. Während der Zeit der Machtübertragung sollen sich die Wähler möglichst wenig in die Entscheidungen der Amtsträger einmischen. Wähler und Gewählte schließen quasi einen Vertrag auf Zeit, an den sich die Vertragspartner zu halten haben. Für den vormaligen Freiburger Politologen Wilhelm Hennis (1923–2012), einen Repräsentanten dieses Ansatzes, ergibt sich damit die Logik: die zentrale Kategorie seiner Demokratievorstellung ist nicht die Volkssouveränität, sondern das Amt. Mit dem Begriff Amt wird der gesamte Regierungsbereich abgedeckt. Indem der Wähler ins Amt beruft, ordnet er sich gleichzeitig dem Amtsinhaber unter (vgl. Hennis b, 11).

Eine weitere wichtige Kategorie in dieser Auffassung besteht darin, dass es so etwas gibt wie eine „natürliche Ungleichheit" zwischen Menschen. Sie leugnen damit quasi den Gleichheitsgrundsatz jedes Demokratieansatzes. Der Versuch einer Aufhebung natürlicher Ungleichheit ist für Vertreter dieses Demokratieansatzes „eine Revolte gegen die Natur" (vgl. Hennis a, 39). Zudem ist Demokratisierung a priori eine irreführende Vokabel mit ideologischer Substanz aus dem marxistischen Sprachgebrauch. Todsünde und Utopie ist es zugleich, die Aufhebung der Herrschaft von Menschen über Menschen zu fordern. Der angebliche Prozesscharakter von Demokratisierung ist ein falsches gedankliches Konstrukt, da das Endprodukt jeder Demokratisierung Demokratie heiße. Danach leugnen diejenigen, die Demokratisierung fordern, die Tatsache, dass wir bereits in einer Demokratie leben. Das ist logisch und richtig gedacht.

Der Soziologe Helmut Schelsky (1912–1984), einer der führenden Vertreter seines Faches in Nachkriegsdeutschland, argumentiert in ähnliche Richtung, wenn er der Freiheit den Vorrang vor der Gleichheit einräumt, von der Brüderlichkeit ganz zu schweigen. Die Forderung nach mehr Gleichheit in Willy Brandts Regierungserklärung von 1969: „Wir wollen mehr Demokratie wagen" (Brandt, 1969) macht er für die Polarisierung in der damaligen Bundesrepublik verantwortlich. “Festzuhalten ist […], daß die Tendenz, mehr Demokratie im Sinne der höheren Beteiligung der Bevölkerung an der politischen Willensbildung bezahlt werden muß, mit der Tendenz: mehr Konflikt, weniger Rationalität, mehr Herrschaftsansprüche, weniger Sachlichkeit, vor allem aber als durchgehende Politisierung mit der Tendenz nach zentralistisch-totalitärer Machtdurchsetzung“ (Schelsky, 7).

Die Scheidung von politischem Staat und bürgerlicher Gesellschaft ist die wesentliche und bedenklichste Grundvoraussetzung in diesem Demokratieansatz. Die Forderung, gesellschaftliche, konfliktorientierte Interessen vom politischen Herrschaftsapparat abzuschirmen, läuft darauf hinaus, jede Herrschaft als unangreifbar und nicht als unabdingbar legitimierungsbedürftig anzusehen. Es wird der Fähigkeit des Menschen misstraut, sein Leben selbst zu bestimmen. Die Freiheit des Einzelnen wird nur als Abgrenzungszweck gegenüber dem Staat verstanden. Die Behauptung, eine Verwirklichung von mehr Gleichheit bedeute zwangsläufig eine Einschränkung von Freiheit, ist ein Glaubenssatz. Mir erscheint dies eher ein Scheinargument, um die Privilegien und die Freiheit weniger zu garantieren.

Die Lösung von Problemen einzig unter dem Gesichtspunkt sachbezogener Entscheidungen anzugehen, ohne die politische Machtautorität, die Wertentscheidungen einleitet, mit einzubeziehen, ist für Richard Löwenthal (1908–1991) „eine anti-demokratische Ideologie“ (Löwenthal, 45).

Diesem konservativen Ansatz einer Demokratie als Herrschaftsform ist der radikal-demokratische Ansatz einer Demokratie als Lebensform diametral entgegengesetzt. Teilung und Kontrolle von Herrschaft sowie eine befreiende Selbstbestimmung von nicht legitimierten Sachzwängen sind die Konstituanten dieses Demokratiekonzepts (vgl. bes. Vilmar 1973). Demokratie wird als die für alle Lebensbereiche durchgängige Lebensform verstanden, das Ziel ist hochgesteckt. Es gilt im Endstadium, die Beherrschung des Menschen durch den Menschen aufzuheben. Mit diesem Ansatz wollen wir in einer regionalisierten Republik ein anderes europäisches System vorschlagen. Akzeptiert man als Ziel jeder Demokratisierung die Aufhebung von Herrschaft über Menschen, glaubt man weiter, dieses Ziel durch einen revolutionären Akt nicht erreichen zu können, dann bleibt als Lösung nur, möglichst viele Menschen für diese Idee der Demokratisierung in allen gesellschaftlichen Bereichen zu gewinnen. Demokratie in diesem Sinne ist mit fünf Prozent der Bevölkerung nicht zu verwirklichen. Die wenigen Aktiven sind nicht nur überfordert, sondern wieder bereits Demokratieelite, also in unserem Sinne ein Widerspruch in sich.

Fritz Vilmar (1924–2015) will Demokratisierung durch Partizipation erreichen, was auch wahrscheinlich die einzige Möglichkeit ist, unsere derzeitige repräsentative Demokratie zu verändern. „In dem Maße, wie wir demokratische Strukturen, d. h. reale Partizipationsrechte und -möglichkeiten schaffen, vervielfachen wir die Chancen zum gesellschaftlichen Engagement, deren Wahrnehmung wiederum politisierend, bewußtseinsbildend, aktivierend wirkt – andererseits erzeugt politische Bewußtseinsbildung und Aktivierung politischen Druck zur Durchsetzung weiterer demokratischer Strukturen“ (Vilmar, 141).

Gesamtgesellschaftliche Demokratisierung hängt davon ab, wie stark jeder Mensch, der in der Region lebt, bereit ist, sich für die gemeinsame Sache zu engagieren. Der Partizipationsgrad ist die Messlatte dafür, wie weit eine Demokratisierung fortgeschritten ist. Der Aktivbürger, der für eine solch neue Staatlichkeit notwendig ist, muss natürlich erzogen werden. Die daraus entstehende Forderung ist eine durchgehende politische Bildung in unseren Bildungssystemen, vom Kindergarten bis zur Universität. In der Demokratie als Lebensform ist Einmischung das entscheidende Prinzip. Den Menschen wird zugetraut, ihr Leben selbst zu bestimmen. Maßstab und Grenze der Selbstbestimmung ist die Selbstbestimmung des Mitmenschen. Die Lösung gemeinsamer Probleme erfolgt betroffenheitsnah. Diese Art Demokratie beginnt in einer kleinräumigen lokal-regionalen Gesellschaftsordnung. Darauf lässt sich dann ein föderatives Europamodell aufbauen mit einer von der Basis kommenden subsidiären Kraft direkter Demokratie und kultureller Autonomie. Diskursive Kommunikation und fairer, gerechter Interessenausgleich mit der Bürgerin und dem Bürger als Zentralinstanz dieser Demokratie.

Zum Abschluss dieses kleinen Kapitels versuchen wir noch die Begriffe Region und Regionsräson zu definieren. Damit bekommen wir dann auch den theoretischen Rahmen für das folgende Kapitel 5.4. Dort machen wir einen praktischen Vorschlag für Elemente einer zukünftigen Europäischen Republik. Wir beginnen mit Frankreich und Deutschland als dem Fundament einer Europäischen Republik.

Ganz allgemein kann man eine Region als ein geographisch umfasstes Gemeinwesen definieren, in dem die Interessen aller seiner Mitglieder im offenen politischen Diskurs befriedigt werden. Die Region ist der „Fleck auf der Welt", wo ihre Bewohner „Bürger im vollen Sinne" sind. Zu dieser Sinngebung gehört insbesondere Kultur (vgl. Burckhardt, 81 f.). „Kultur ist nicht mehr das, wovon wir leben. In erheblichem Maße ist es auch, wofür wir leben. Liebe, Beziehungen, Erinnerung, Verwandtschaft, Heimat, Gemeinschaft, emotionale Erfüllung, geistiges Vergnügen, das Gefühl einer letzten Sinnhaftigkeit – [...]" (Eagleton, 182). Region und Europa in unserem Sinne haben ein gemeinsames Band, nämlich beide sind nur dann wirklich tragfähig, wenn sie Gefühl sind.

Die Regionsräson (als Begriff erstmals 2000 von mir geprägt) liefert den ordnungspolitischen Rahmen für die zu entwickelnde Staatlichkeit. Sie ist zugleich Orientierung für das Verhalten aller in der Region lebenden Menschen wie auch inhaltliches Moment, deskriptives Instrument und prognostisches Potential.

Hinsichtlich der Leitfrage nach den Randbedingungen, um Regionsräson als analytische Kategorie in der europapolitischen Wissenschaft einzuführen und benutzen zu können, beziehe ich mich auf den „Scheidebegriff" von Paul Weihnacht (vgl. 71). Er hat ihn zwar am Begriff der Staatsraison entwickelt, doch dieser trägt auch für die Regionsräson. Einerseits versteht er darunter die Aufspaltung einer Gemengelage, andererseits die kritische Aufmerksamkeit, die dem aus dieser Aufspaltung entstehenden Nutzen zuteilwird.

Die Aufspaltung der heutigen, teils unübersichtlichen Gemengelage der Europäischen Union mit vielfältig unterschiedlichen Entscheidungsstrukturen und Kompetenzen verlangt zunächst eine durchgängige Organisation Europas in Regionen.

Dies gilt für alle Staaten, die bereit sind, sich an einem neugegründeten anderen Europa zu beteiligen. Diese durchstrukturierte, nach gleichen Kriterien vorgenommene Neueinteilung Europas ist notwendige Voraussetzung für deren Funktionsfähigkeit. In einem abgestuften Föderalismuskonzept bekommen die Regionen die erforderliche Autonomie mit entsprechender Finanzausstattung. Kann diese nicht durch Eigenmittel gedeckt werden, muss ein solidarischer Finanzausgleich erfolgen. Ohne eine solche Solidarität kann das System nicht funktionieren.

Die zweite Leitfrage bezieht sich auf die Regionsräson mit ihren wichtigen Problemkomplexen, Zielperspektiven, Berechtigungen und operativen Strategien in einem abgestuften Souveränitätskonzept. Wie funktioniert die öffentliche Gewalt in einer regionalen Gesellschaftsordnung? Wie bereits oben angedeutet, geht mit einer weitgehenden Regionalisierung in einem anderen Europa eine größere Vergesellschaftung des Gemeinwesens einher. In dem Maße, in dem Regionen für die eigene Anwendung öffentlicher Gewalt zuständig werden, müssen sie auch die notwendigen öffentlichen Grundaufgaben übernehmen. Peter Pernthaler unterscheidet vier solcher Grundaufgaben (191/268):

- Bei allen Dezentralisierungsbestrebungen muss Rechtsschutz, Rechtssicherheit, Rechtsgleichheit und Freiheit gesichert werden.
- Die geforderte Friedenssicherung nach außen obliegt bei unserem Modell der supranationalen Ebene.

- Die Region ist Träger einer funktionsfähigen Wirtschafts- und Sozialordnung. Eine Rahmengesetzgebung garantiert ähnliche Lebensbedingungen in den Regionen.
- Garantiert wird jeder Region die volle kulturelle Autonomie. Die gilt natürlich auch für die dort lebenden Minderheiten.

Diese vier Grundaufgaben sind wesentlicher Bestandteil des Demokratiegebots Lebensform, das nur nahe beim Menschen der Vereinten Regionen seine Chancen hat.

Die Radikalität der Systemänderung besteht in der Aufhebung der Nationalstaaten im Hegelschen Sinne, in der Auflösung und Entstehung einer neuen Staatlichkeit mit neuer demokratischer Qualität. Die neue Staatlichkeit wird in einer Verfassung grundgelegt. Die neue demokratische Qualität wird durch die konsequente Anwendung des Subsidiaritätsprinzips als Strukturprinzip erreicht. Dies wiederum ermöglicht eine Verwirklichung der Demokratie als Lebensform für jedes Individuum.

Als Definition für Regionsräson bieten wir mehrere an, ohne dass diese sich widersprechen. Vielmehr sind sie komplementär, lediglich auf unterschiedlichem Abstraktionsniveau angesiedelt. Hierbei bewegen wir uns vom Abstrakten zum Konkreten:

Die Regionsräson ist die Vergesellschaftung der Staatsraison.

Regionsräson bedeutet unter Zugrundelegung des Strukturprinzips Subsidiarität auf subnationaler Ebene, also in einem verfassungsgemäß abgesicherten föderativen europäischen Gefüge, den Regionszweck nach eigenen Regeln zu bestimmen.

Die jeweilige Region lebt nach eigener Räson unter Einsatz ihrer endogenen Potentiale, der Berücksichtigung ihrer eigenen Besonderheiten in kultureller und weitestgehend politischer Selbstbehauptung und Selbstverwirklichung.

Gemeinsam bilden die Vereinten Regionen Europas ein neues variables Gesellschaftssystem heraus, eine Föderation neuer Art. Sie wirkt als lebendiger Regionalismus, nahe beim Alltag der Menschen, der mit solidarischer und partizipativer Beteiligung aller Betroffenen die anfallenden Probleme zu lösen vermag.

5.4 Europa – Eine regionalisierte europäische Republik

Prolog

Johannes Althusius (1563–1638):

> „Zugrunde liegt allem Politischen die Gemeinsamkeit des Lebens, die menschliche Vergemeinschaftung, die Lebensgemeinschaft, in der die Menschen, als im Zustand des Miteinander sich befindende Wesen, als Mitlebende, als Gemeinschaftswesen, je immer schon sind – sei es durch ein ausdrückliches Übereinkommen oder ein stillschweigendes Übereinstimmen – zur Vermittlung dessen, was zum Führen eines gemeinsamen Lebens förderlich und unentbehrlich ist" (zit. b. Winters, 171).

> „Politik ist die Kunst, die Menschen in einer Gemeinschaft zu verbinden, sie zu vergemeinschaften in einer cosoziatico [Genossenschaft], die es ihnen ermöglicht, miteinan-

der zu leben und voneinander Hilfe und Nutzen zu erhalten“ (zit. b. Friedrich, 13).

Hermann Schulze-Delitzsch (1808–1883):

„Mit der Einordnung ihrer Glieder [der Genossenschaften] in eine machtvolle Gemeinschaft vereinigen sie den freiesten Spielraum für das individuelle Gebaren, die Eigenart eines Jeden. Gerade in der Solidarität, dem Entstehen Eines für alle und Aller für Einen, bieten sie dem Einzelnen erst die sichere Unterlage für seine persönliche Geltung, in der Gegenseitigkeit die beste Gewähr für seine Selbstständigkeit. […] Aber nicht bloß die Solidarität der Pflicht, wie sie sich in dieser Haft kund gibt – nein, ganz besonders die Solidarität des Rechts gilt uns als der eigentliche Schlußstein der Organisation, der es hauptsächlich bewirkt, daß die freie Persönlichkeit in der Gesamtheit nicht untergeht, sondern die beste Stütze in ihr findet. Die vollste Selbstbestimmung und Selbstverwaltung unter unmittelbarer Beteiligung aller Genossen bei Ordnung der gemeinsamen Angelegenheiten sind es, welche schon damals den Gipfelpunkt des Ganzen bildeten, […]
Der Geist der freien Genossenschaft ist der Geist der modernen Gesellschaft“ (572 f./586).

Ernst Friedrich Schumacher (1911–1977):

„Was heißt denn Demokratie, Freiheit, Menschenwürde, Lebensstandard, Erfüllung? Geht es dabei um Güter oder Menschen? Selbstverständlich geht es um Menschen. Doch Menschen können nur in kleinen, überschaubaren Gruppen sie selbst sein. Wir müssen daher lernen, uns gegliederte Strukturen vorzustellen, innerhalb derer eine Vielzahl kleiner Einheiten ihren Platz behaupten kann. Wenn unser wirtschaftliches Denken das nicht erfaßt, dann taugt es nicht. Kann es über seine ungeheuren Abstraktionen: Sozialprodukt, Wachstumsrate, Kapitalkoeffizient, Kosten-Nutzen-Analyse, Mobilität der Arbeitskräfte, Kapitalbildung nicht hinausgehen und keine Verbindung zur menschlichen Wirklichkeit: Armut, dem Gefühl der Vergeblichkeit, der Entfremdung, Verzweiflung, Zusammenbruch, Verbrechen, Fluchtbewegungen, Streß, Zusammenballung, Häßlichkeit und Tod der Seele herstellen, müssen wir die Wirtschaftswissenschaft zum alten Eisen werfen und ganz neu anfangen" (64).

Denis de Rougemont (1906–1985):

„Ich glaube, [...], daß Europa der Staaten die Quadratur des Kreises, ein Widerspruch in sich selbst, ein Verein von Misanthropen ist. Wenn der Nationalstaat das Hindernis ist – wie er selbst seit drei [jetzt schon seit sieben] Jahrzehnten mit schöner Beharrlichkeit demonstriert – dann liegen in

der regionalen Antithese alle unsere Chancen, die Chancen zu einer Vereinigung unserer Völker, […].
[…] Es ist also die Aufgabe Europas, am Ende des 20. Jahrhunderts [im 21. Jahrhundert] am gelebten Beispiel der Regionen zu zeigen, daß der Nationalstaat ein überholtes, überdies tödliches […] Konzept ist“ (281 f.).

Cyril Nothcote Parkinson (1909–1993):

„Das Europa von morgen wird nur lebensfähig sein, wenn es sich auf der Grundlage von etwa hundertvierzig autonomen Regionen neu bildet.“

Ein Blick zurück:
Die Idee, die ich hier vertrete, nämlich Frankreich und Deutschland zu einer republikanischen europäischen Einheit zusammenzuführen, äußerte zum ersten Mal der scharfsinnige Publizist und Frankreichkenner Ludwig Börne (1786–1837) in seiner Dissertation aus dem Jahr 1807. Napoleon (1769–1821) hatte 1806 in der Schlacht von Jena und Auerstedt Preußen vernichtend geschlagen. Die Julirevolution von 1830 lockte den jüdischen Intellektuellen aus Frankfurt nach Paris, wo er bis zu seinem Tode im Exil lebte, in der Hoffnung, das Land der Freiheit zu finden. Zeitlebens ließ ihn der Gedanke einer deutsch-französischen Vereinigung nicht mehr los. So auch in seinem Essay aus dem Jahr 1836 in der von ihm gegründeten und herausgegebenen Zeitschrift „La Balance“.

Der große europäische Republikaner wollte mit einer Aufhebung und Vereinigung der beiden wichtigsten Nationalstaaten Zentraleuropas einen Föderalismus als Lebens- und Ordnungsprinzip in einer ersten Europäischen Republik umsetzen, durchaus im Sinne meines hier vertretenen regionalen Denkansatzes (vgl. zu Börne b. Böttcher, in: Böttcher, 2019, 222–231).

Auf dem Pariser Friedenskongress von 1849 forderte Victor Hugo (1802–1885) die Vereinigten Staaten von Europa und beschwor den Tag, der kommen werde, „wo ein Krieg zwischen Paris und London, zwischen Petersburg und Berlin, zwischen Wien und Turin ebenso absurd schiene wie zwischen Rouen und Amiens, zwischen Boston und Philadelphia", der Tag, an dem „die Vereinigten Staaten von Amerika und die Vereinigten Staaten von Europa sich von Angesicht zu Angesicht die Hände über die Meere reichen".

Er forderte die Dominanz des Rechts vor der Gewalt, den Frieden mit der Zivilisation zu verbinden, Kriege durch Schiedsgerichte zu ersetzen und am Schluss, dass die Völker sich als Brüder verstehen sollen (vgl. Schulze/Paul, 356 f./ Schmale 100 ff.).

Mitten im deutsch-französischen Krieg 1870/71 pflanzte Hugo demonstrativ eine Friedenseiche in seinem Garten. Als Mitglied der sich neu konstituierenden Französischen Nationalversammlung in Bordeaux setzte er sich am 1. März 1871 in einer Grundsatzrede mit Europa auseinander.

Er warnte und beschwor Franzosen und Deutsche: „Nunmehr wird es in Europa zwei fürchterliche Nationen geben, die eine, weil sie gesiegt hat, die andere, weil sie verloren hat." Weder sollte sich die eine dem Siegestaumel hingeben noch die andere Revanchierungsgelüsten", vielmehr sollten „wir in Zukunft ein einziges Volk bilden", eine „einzige Republik". „Keine Grenzen mehr", rief er aus, „der Rhein gehört allen! Seien wir eine Republik, bilden wir die Vereinigten Staaten von Europa! Gründen wir die europäische Freiheit, den Weltfrieden" (Hugo, zit. b. Lützeler, 178).

Nochmals die Wiedergabe als Hommage an die schöne französische Sprache im Original:

> „Plus de frontières! Le Rhin à tous. Soyons la même Republique, soyons les États-Unis d'Europe, soyons la fédération continentale, soyons la liberté européenne, soyons la paix universelle!"

Im Nach hinein kann man nur ausrufen: Ach, hätten unsere Vorfahren doch auf den Dichterfürsten gehört. Unsägliches Leid wäre uns erspart geblieben. So bedurfte es zweier menschenverachtender Kriege, um endlich zur Vernunft zu kommen.

Eine Skizze des anderen Europa

In der mehrfach geäußerten Überzeugung, dass Europa mit den Nationalstaaten nicht zu bauen ist, skizziere ich hier, wie ein postnationales Europa aussehen könnte. Es sind nur unabdingbare Grundelemente einer Skizze eines Gesellschaftsvertrages zwischen autonomen Regionen, der von deren Völkern ausgearbeitet und angenommen werden muss.

Die Idee ist, dass Frankreich und Deutschland die Europäische Union verlassen, um gemeinsam eine Neugründung Europas zu beginnen, jedoch nicht, indem ein neuer Superstaat entsteht, sondern indem die beiden Nationalstaaten aufgehoben werden. Auch hier wird die Aufhebung im Sinne Hegels verstanden. Die beiden Staaten werden in ihrer bisherigen Form aufgelöst und entstehen auf einer höheren Ebene in neuer Form mit neuer Qualität. Mit dieser Aufhebung der beiden wichtigen Nationalstaaten könnte der zentrale Denkansatz des regionalen Föderalismus als Lebens- und politisches Ordnungsprinzip in einer 1. Europäischen Republik praktisch umgesetzt werden. Zwei große bestimmende Kulturströme des alten Europa könnten in einem großen Strom zusammenfließen unter Beibehaltung regionaler Vielfalt der Kulturen als Erinnerung an Vergangenheit und als Vermächtnis für humane Zukunftsgestaltung.

Eine solche Republik, zunächst nur aus den Regionen Deutschlands und Frankreichs bestehend, würde mehr als 50 Prozent des Bruttoinlandprodukts der 27 EU-Staaten und ca. 150 Millionen Einwohner ausmachen.

Zunächst spielen wir die Idee nur für Frankreich und Deutschland durch, obwohl wir uns gut vorstellen können, dass Belgien und Luxemburg von Anfang an mitmachen wollen. Bei den Niederlanden sind wir eher skeptisch. Auch ist denkbar, dass einzelne Regionen Europas, wie etwa Katalonien, Schottland, das Baskenland oder andere europäische Regionen, die des Zentralstaats müde sind, sich von Anfang an anschließen möchten.

Natürlich steht jedem europäischen Land eine Mitgliedschaft in der 1. Europäischen Republik offen. Es muss nur seinen in Regionen aufgeteilten Nationalstaat aufgeben und ohne Wenn und Aber die Republikverfassung annehmen.

Bei der Weiterverfolgung unserer Idee bleiben wir bei Frankreich und Deutschland. Hier geht es also konkret um den Austritt Frankreichs und Deutschlands aus der Europäischen Union, vereint in dem gemeinsamen Willen, in Europa einen Systemwechsel herbeizuführen.

Der neue europäische Kernstaat besteht nach heutiger Gliederung aus 34 autonomen Regionen, den 16 Ländern Deutschlands und den 18 Regionen Frankreich, 13 in Europa und 5 in Übersee. Nach meiner Auffassung sollten die beiden Staaten darüber nachdenken, ob nicht vorher eine Strukturreform der Einteilung der Regionen vorgenommen werden sollte. So denke ich für Deutschland zum Beispiel an eine Trennung von Nordrhein-Westfalen in zwei Regionen, in Bayern ebenfalls, andererseits an eine Zusammenlegung von heutigen Bundesländern. Ähnliches gilt auch für Frankreich.

Der neue europäische Kernstaat – Regionalisierte Europäische Republik – besteht aus zwei voll gleichberechtigten Häusern, dem Völkerhaus und dem Haus der Regionen. Sie hängen voneinander ab, kontrollieren sich gegenseitig und teilen die Macht.

Beginnen wir mit der Verfassung für das neue System. Wie bei allen modernen Verfassungen, so auch der hier zu konstituierenden, werden die Grundstrukturen des politischen, demokratischen Systems festgelegt. Es werden die Menschen-, Bürger- und Sozialrechte, die politische Willens- und Entscheidungsbildung, die Institutionen in ihren Kompetenzabgrenzungen, Gewaltenteilung, Rechtsstaatlichkeit, Sozialstaatlichkeit, Ämter und Führungspositionen usw. festgeschrieben. Beginnen sollte sie mit dem herausragenden Satz des Grundgesetzes „Die Würde des Menschen ist unantastbar“. Dieser Satz könnte geradezu das Motto sein für die Demokratie als Lebensform.

„Die zweite wesentliche Funktion ist die Legitimierung der konstituierten Ordnung. Die Legitimation einer bestehenden politischen Ordnung bedeutet, dass diese Ordnung als gut und gerecht, das heißt als legitim, anerkannt wird. Die Verfassung kann eine politische Ordnung dadurch legitimieren, dass sie auf den Ursprung und die besonderen Umstände ihrer Gründung zurückverweist. Im Akt der Verfassungsgebung haben „We the people", wie es in der amerikanischen Verfassung von 1787 heißt, beschlossen, sich eine Verfassung zu geben. 1949 gibt sich „das deutsche Volk" das Grundgesetz und damit eine neue Ordnung" (Vorländer, 17 f.).

(Nach dem Fall der Berliner Mauer 1989 hat sich das wiederzuvereinigende deutsche Volk keine neue Verfassung gegeben, nach meiner Auffassung ein Geburtsfehler der neuen Bundesrepublik, der auch nach 30 Jahren nicht geheilt ist).

Aus allen Schichten der deutschen und französischen Regionen wird eine paritätisch zusammengesetzte, gemeinsame verfassunggebende Versammlung mit der Ausarbeitung einer Verfassung beauftragt. Nach deren Verabschiedung wird ein regionenweites Referendum abgehalten. Für eine Annahme der Verfassung bedarf es einer Zustimmung von zwei Dritteln der Wähler, jeweils aus den deutschen und französischen Regionen.

Gehen wir noch kurz auf die beiden Häuser der Republik und die Souveränitätsfrage ein. Grundsätzlich haben wir es insofern mit einem neuen System zu tun, weil direkte und repräsentative Demokratieelemente unauflöslich miteinander verschränkt sind. Dies ist im Sinne einer partizipativen Beteiligung der Bürger*Innen der Republik unerlässlich.

Die beiden Legislativ-Organe sind das Völkerhaus und das Haus der Regionen. Das Völkerhaus setzt sich aus je zwei Abgeordneten pro angefangene Million Einwohner zusammen, die direkt gewählt werden. Nur zu Beginn werden nationale Unterschiede noch eine Rolle spielen. Nach heutiger Bevölkerungszahl wären das ca. 300 Abgeordnete. Aus dem Parlament heraus und diesem verantwortlich wird dann eine Regierung gebildet, mit einem Minimum an Zuständigkeiten. Alles, was nicht ausdrücklich in die Kompetenz des Völkerhauses und der aus ihm hervorgegangenen Regierung fällt, ist in den Regionen verortet.

Die Bevölkerung der Regionen wählt je für ihre Region, unabhängig von ihrer Größe 6 Vertreter*Innen in das Haus der Regionen. Im Moment wären dies 204 Personen. Alle Gesetze, die nicht ausdrücklich in die Zuständigkeit der Regionen fallen, bedürfen der Zustimmung beider Häuser.

Jede der 34 Regionen dieser neuen Republik hat eine eigene Verfassung in einem zwischen den Regionen abgestimmten Rahmen. Jede Region lebt weitgehend nach der ihr eigenen Regionsräson, ist souverän, etwa vergleichbar den Schweizer Kantonen.

An der Umsetzung regionaler Politik sind möglichst viele Individuen, Gruppen und Interessen zu beteiligen. Je breiter die Basis der Beteiligung am Zustandekommen einer Entscheidung ist, desto weniger Widerstand ist durch Partikularinteressen zu erwarten. So soll das Regionalparlament möglichst genau die Interessen der Region abbilden. Dies setzt aber voraus, dass wir es nicht mehr mit einem Parteienelement alten Stils zu tun haben. Parteien sind nur eine von vielen Interessengruppen, wie Bürgerinitiativen, Einzelinteressen, Gewerkschaften, Unternehmer, Nicht-Regierungsorganisationen, unabhängige Arbeitervertretungen, oder wie sich Interessen auch immer artikulieren und bündeln, können sich für das Regionalparlament zur Wahl stellen. Sperrklauseln widersprechen diesem Demokratieansatz. Mir ist bewusst, dass dadurch die Entscheidungsfindung schwieriger und arbeitsintensiver, dafür aber demokratischer wird.

Aus dem Parlament heraus wird ein Regionalrat gebildet, der die Politik ausführt, der zusammen mit einer Verwaltung die tägliche Arbeit macht. Der Regionalrat ist jederzeit nach in der Verfassung festgeschriebenen Regeln abrufbar.

Die höchste Instanz der Region ist der Bürgerentscheid, der zu jedem Thema nach einem festgelegten Quorum durchgeführt werden kann. Das Ergebnis ist für alle, die in der Region wohnen, verbindlich.

Um unsere Idee kurzfristig in Gang zu setzen, könnte man mit einer Regionen-Partnerschaft ähnlich den bereits existierenden Städtepartnerschaften beginnen. Auch wäre das Angebot einer doppelten Staatsbürgerschaft möglich, die später in einer Republikbürgerschaft aufgeht. Das Erlernen beider Sprachen in beiden Ländern, etwa wie in der heutigen deutschsprachigen Gemeinschaft unseres belgischen Nachbarn, wäre eine Voraussetzung für das Gelingen des Projekts. Unabhängig von der Umsetzung dieses Projekts wäre dies sinnvoll. Auch wäre eine deutsch-französische Verteidigungsgemeinschaft und ein Finanz- und Wirtschaftsrat möglich, ausgestattet mit einem gemeinsamen Mandat für internationale Verhandlungen. Solange es noch keine Reform der Vereinten Nationen gibt, könnte sofort der französische Sitz im Sicherheitsrat in einen gemeinsamen Sitz umgewandelt werden.

Dies sind nur einige wenige von vielen Möglichkeiten einer Verschmelzung zwischen den beiden Nationen, an deren Ende dann die 1. Europäische Republik stünde, wenn man das Projekt denn überhaupt will.

Fazit

Ich fasse zum Schluss nochmal einige Gedanken, die ich bisher schon in Kontexten des Buches geäußert habe, zusammen.

Mit dieser Vision von einem anderen Europa verfolgen wir nicht mehr und nicht weniger als den Menschen zur Zentralinstanz der Demokratie zu machen, Demokratie als Lebensform und nicht nur wie heute als Staatsform einzufordern.

Ganz Mensch sein kann er aber nur im unmittelbaren, kleinräumigen Umfeld der Gemeinde, der Region. Der Mensch als überstaatliches Wesen ist in seiner Region, wo er direkt von politischen und ökonomischen Entscheidungen betroffen ist, selbst Träger der Politik.

Die regionale Zivilgesellschaft ist ihre eigene Herrin über die politisch notwendig zu treffenden Entscheidungen. Im Idealfall ist jede Bewohnerin, jeder Bewohner aktiv in der Politik, wenn auch auf unterschiedlichen Ebenen. Region und Person, Regionalismus und Subsidiarität stehen in einem unauflöslichen Bedingungsverhältnis zueinander. Jede Person mit ihrer eigenen Identität lebt in einer spezifischen Region mit eigener Regionsräson.

Die jeweilige Region hat ein bestimmtes Daseinsgesetz, nach welchem sie historisch gewachsen ist, bestimmte Lebensbedingungen, die sie unverwechselbar zu der spezifischen Region machen, die sie ist. Dies kann man beziehen auf räumliche Ausdehnung, auf eine bestimmte soziale und/oder politische Verfasstheit, auf eine Stammeszugehörigkeit, auf eine besonders erbrachte Leistung, auf eine einmalige landschaftliche Besonderheit oder Ähnliches.

Eine solche Besinnung auf die eigene Regionsräson integriert die jeweils sprachlichen und andere kulturellen Besonderheiten sowie die Vielfalt von Lebensentwürfen zu einem unverwechselbaren Gefühl mit einer individuellen und regionalen Identität. Die alten künstlichen nationalstaatlichen Identitäten verblassen allmählich und werden in einer regionalisierten Republik mehr und mehr überlagert.

Neben den starken regionalen Identitäten bildet sich allmählich ein republikanisches Gemeinschaftsbewusstsein heraus, das altnationale Identitäten aufhebt, auch dies im Sinne Hegels.

Dieses neue System einer regionalisierten europäischen Republik bildet ein variables regionales Gesellschaftssystem heraus, in dem jede Region und jedes Individuum in ihr nach eigenen Vorstellungen teilhat an einer umfassenden menschlichen Gemeinschaft.

Eine Europäische Republik in dem hier verstandenen Sinne wirkt als lebendiger Regionalismus, nahe beim Alltag der Menschen, die möglichst mit solidarischer und direktdemokratischer Beteiligung aller Betroffenen die anfallenden Probleme zu lösen und die europäischen Werte zu leben vermögen.

Nur mit einer europäischen Republik, begrenzt und gegliedert, regional und föderal, haben wir eine Zukunft.

6 Epilog

> „Wenn ich etwas wüßte, das wohl meinem Volke nützlich, einem anderen aber verderblich wäre, so würde ich es meinem Fürsten nicht unterbreiten, denn ich bin ein Mensch, bevor ich ein Franzose bin, und Mensch bin ich notwendigerweise, Franzose aber nur durch Zufall. [...] Wenn mir etwas bekannt wäre, was meinem Vaterland zuträglich, für Europa aber abträglich wäre, oder etwas, das für Europa nützlich, für die Menschheit aber schädlich wäre, so würde ich es für verbrecherisch halten" Montesquieu (1689–1755).

Dieser Gedanke Montesquieus trifft ziemlich genau die „Differenz ums Ganze", den Unterschied zwischen dem heutigen nationalstaatlich basierten Europa und einem Europa einer in diesem Buche vertretenen Republik. Es führt auch zurück auf den Kerngedanken, dass der Mensch die Zentralinstanz der Politik ist. Es geht um den Menschen als Gattungswesen und nicht um den Franzosen, Russen oder Chinesen. Alles, was der Menschheit schadet, ist für ihn ein Verbrechen.

In unserer Vision von einer regionalisierten europäischen Republik können wir das Regionale mit dem Universalen verbinden – anders als heute, wo das Nationale und das Universale auseinanderklaffen. Das heutige Europa mit seinen teilweise halblegitimierten Institutionen, mit seinem nervenaufreibenden Gerangel um Kompromisse, meist auf kleinstem gemeinsamem Vielfachen, mit der Auseinandersetzung mit Illiberalen und Rechtspopulisten im inneren Kreis, mit seinem neoliberalen marktökonomischen Ansatz: Privatisierung – Deregulierung – Liberalisierung ohne sozialen Gesamtentwurf, mit seiner Kompetenzkonkurrenz zwischen nationalen und gemeinschaftlichen Interessen, und vielem mehr; all dies widerspricht unserem System.

Die Europäische Republik nimmt ihre Interessen unter der Berücksichtigung der Interessen anderer politischer Systeme wahr. Sie vertritt gleichzeitig in einer Art föderativer Dialektik die regionalen und universalen Interessen der Republik, indem sie sich nach außen öffnet, mit der Absicht, einen Beitrag zu leisten zur weltweiten nachhaltigen Entwicklung, zur gerechten Verteilung der erwirtschafteten Güter und Ausbeutung der Ressourcen sowie Anerkennung und Pflege kultureller Differenz. Besonders beim letzteren wird kulturelle Andersartigkeit nicht als Einengung des Eigenen oder gar als Bedrohung, sondern als Bereicherung und Chance zur eigenen Entwicklung empfunden. Auch dies trifft gleichermaßen auf der regionalen wie der universalen Ebene zu.

> „Das Fremde wird nicht als bedrohlich, desintegrierend, fragmentierend, sondern als bereichernd erfahren und bewertet. Es ist die Neugierde auf mich selbst und das Anderssein, die die Anderen für mich unersetzbar macht. Es gibt einen Egoismus des kosmopolitischen Interesses. Wer die Sicht der Anderen im eigenen Lebenszusammenhang integriert, erfährt mehr über sich selbst und die Anderen. Das kosmopolitische Prinzip, die Anderen als gleich und verschieden wahrzunehmen, erlaubt zwei Auslegungen: Die

Anerkennung der Andersheit der Anderen kann sich einmal auf *Kollektive,* das andere Mal auf *Individuen* beziehen. Beide Interpretationen sind konstitutiv für das Prinzip des Kosmopolitismus" (Beck/Grande, 28).

Die Regionen in enger Gemeinschaft miteinander sind eine gute Schule, eine neue Kultur des Zuhörens zu entwickeln. Dies bedeutet, sich in den Gegenüber, sei es im privaten, im regionalöffentlichen oder im internationalen Bereich, hineinzuversetzen, um herauszufinden, warum er so denkt, wie er denkt.

Man wird mir entgegen, die Wirklichkeit sei anders, vor allen nicht so idealistisch.

Meine Antwort wird sein – getreu dem Denkansatz in diesem Buch – sie könnte so möglich sein, wenn wir uns änderten.

7 Verwendete Literatur

7.1 Quellen

Bacon, Francis (1870), Seven Vol., 2nd. Ed., London, ed. b. Elles, R. L., op.cit.: Novum Organon scientiarum, Vol. 1

Bismarck, Otto v. (1922), Große Politik der Europäischen Kabinette, 6. Bde., Berlin

Boccaccio, Giovanni di (1492/1978), Das Dekameron, 4. Aufl., Leipzig

Brandt, Willy (1969) Regierungserklärung vom 28.10.1969, in: Peter Pulte (Hrsg.) (1973), Regierungserklärungen 1949–1973, Berlin/New York

Brecht, Bertolt (1975), Schriften in fünf Bänden, hrsg. v. Werder Mittenzweig, 2. Aufl., Weimar

Burckhardt, Jacob (1941), Weltgeschichtliche Betrachtungen, hrsg. v. Werner Kaegi, Bern

Capelle, Wilhelm (Hrsg.) (1959), Hippokrates – fünf auserlesene Schriften, Frankfurt a. M.

Capelle, Wilhelm (1963), Die Vorsokratiker, Stuttgart

Engels, Friedrich (1844), Umrisse zu einer Kritik der Nationalökonomie, in: Institut für Marxismus-Leninismus beim ZK der SED (Hrsg.) (1972): Karl Marx – Friedrich Engels, Bd. 1, 499–524, Berlin

Hamp, Vinzenz u. a., Die Heilige Schrift des Alten und Neuen Testaments, 12. Aufl., Aschaffenburg

Humboldt, Alexander v. (1808/2019), Ansichten der Natur, Hamburg

Kant, Immanuel (1995), Werke in sechs Bänden, hrsg. v. Rolf Toman, op. cit., Bd. 3, Köln

Kant, Immanuel (1794/1914), Zum ewigen Frieden, hrsg. v. Karl Vorländer, Leipzig

Lützeler, Paul Michael (1992), Die Schriftsteller und Europa. Von der Romantik bis zur Gegenwart, München/Zürich

Lukrez (2013), Über die Natur der Dinge, Berlin

Machiavelli, Niccolo (1833), 8. Bde., hier: Bd. 2, Der Fürst, die kleineren Schriften und Gesandtschaft bei dem Herzog von Balentinois, Karlsruhe

Marx, Karl (1970), Das Kapital, Bd. 3, MEW 25, und (Ders.) (1971), Das Kapital, Bd. 2, MEW 24, Berlin

Monnet, Jean (1978), Erinnerungen eines Europäers, München/Wien

Musulin, Janko (Hrsg.) (1962), Proklamationen der Freiheit – Von der Magna Charta bis zur Ungarischen Volkserhebung, Hamburg

Renan, Ernest (1882), Was ist eine Nation?, in: Georg Brunold (2013), Nichts als der Mensch, Beobachtungen und Spekulationen aus 2500 Jahren, S. 439–447, Köln

Rousseau, Jean-Jaques, (1796), Du Contrat Social ou Principes du Droit Politique, Leipsic

Rousseau, Jean-Jaques (1755/2019), Diskurs über die Ungleichheit, Paderborn

Schulze-Delitzsch, Hermann (1865), Die nationale Bedeutung der deutschen Genossenschaften, in: Peter Wende (1990), Politische Reden I, 1792–1867, Frankfurt a. M., zit. 572f./586

Schulze, Hagen/ Ina Ulrike Paul (Hrsg.) (1994), Europäische Geschichte – Quellen und Materialien, München

Seifert, Karl-Heinz/ Dieter Hömig (Hrsg.) (1985), Grundgesetz für die Bundesrepublik Deutschland, 2. Aufl., Baden-Baden

Shakespeare, William (1981), Die Großen Dramen, 10 Bde., Frankfurt a. M., op. cit. Bd. 4, Richard der Zweite, S. 146

Sieyès, Emmanuel (1924), Was ist der dritte Stand?, Berlin

Thukydides (1925), Geschichte des Peloponesischen Krieges, Erster Band (Buch 1–4), 2. Aufl., Leipzig

Valéry, Paul (1995), Werke in 7 Bd., hrsg. v. Jürgen Schmidt-Radefeldt, op. cit. Bd. 7, Frankfurt a. M./Leipzig

Weber, Max (1988), Gesammelte Aufsätze zur Religionssoziologie I, Tübingen/ Basel

7.2 Dokumente und Nachschlagewerke

Auswärtiges Amt (Hrsg.) (1962), Europa – Dokumente zur Frage der Europäischen Einigung, 3 Bde., Bonn, darin: Brugmans, Henri, Rede am 7. Mai 1948 im Haag, Bd.1, B7, S. 145–151

Churchill, Winston, Rede am 19.9.1946 in Zürich, Bd. 1, B3, S. 113–115

Deutscher Bundestag, Bericht zur Risikoanalyse im Bevölkerungsschutz 2012, Drucksache17/ 12051

Der große Ploetz (2008), Die Enzyklopädie der Weltgeschichte, 35. Aufl., Freiburg

Dubliner Übereinkommen, Amtsblatt Nr. C 254 vom 19.8.1997

Encyclopaedia Britannica (1910), 29 Vol., 11th Ed., Cambridge, darin: Jean Bodin, Vol. IV, S. 109 f.

Jordan, Stefan (Hrsg.) (2002), Lexikon der Geschichtswissenschaft, Stuttgart, darin: Rudolf Vierhaus, Krisen, S. 193–197

Staatslexikon (1895), 5 Bde., hrsg. v. Adolf Bruder, Freiburg, darin: Republik, op. cit. Bd. 4, S. 892 ff. und Neutralität, in: Bd. 5, S. 1022–1027

Ueberweg, Friedrich (!961), Grundriß der Geschichte der Philosophie, 3 Bde., hrsg. v. Max Frischeisen-Köhler/ Willy Moog, 12. Aufl., Basel/ Stuttgart

UNHCR, The UN Refugee Agency v. 28.7.1951/ 31.1.1967

Verordnung (EU) Nr. 604/ 2013 des Europäischen Parlaments und des Rates vom 26. Juni 2013

Wikipedia: Bundesverfassungsgesetz vom 26.10.1955 über die Neutralität Österreichs

7.3 Monographien

Acemoglu, Daron/ James A. Robinson (2013), Warum Nationen scheitern – Die Ursprünge von Macht, Wohlstand und Armut, 4. Aufl., Frankfurt a. M.

Appiah, Kwame Anthony (2007), Der Kosmopolit – Philosophie des Weltbürgertums, München

Adorno, Theodor W. (2019), Aspekte des neuen Rechtsradikalismus, 5. Aufl., Berlin

Anderson, Benedict (1998), Die Erfindung der Nation, Frankfurt a. M.

Arendt, Hannah (1943/2018), Wir Flüchtlinge, 9. Aufl., Ditzingen

Arendt, Hannah (2013), Macht und Gewalt, 22. Aufl., München

Arendt, Hannah (2018), die Freiheit, frei zu sein, München

Balibar, Étienne (2003), Sind wir Bürger Europas? – Politische Integration, soziale Ausgrenzung und die Zukunft des Nationalen, Hamburg

Balibar, Étienne (2016), Europa: Krise und Ende?, Münster/Hamburg

Bauman, Zygmunt (1998), Die Angst vor dem Fremden – Ein Essay über Migration und Panikmache, Berlin

Beck, Ulrich/Edgar Grande (2004), Das kosmopolitische Europa, Frankfurt a. M.

Beck, Ulrich (2012), Das deutsche Europa, Berlin

Beloff, Max (1959), Europa und die Europäer, Köln

Bloch, Ernst (1967), Das Prinzip Hoffnung, 3 Bde., Frankfurt a. M.

Bloch, Ernst (1975), Experiment Mundi, Frankfurt a. M.

Bloch, Ernst (1991), Geist der Utopie, 2. Aufl., Frankfurt a. M.

Böttcher, Winfried/Hubert Groten/ Jürgen Jansen (1975), Friedenspolitik, Baden-Baden

Böttcher, Winfried/Johanna Krawczynski (2002), Subsidiarität für Europa, Münster/Hamburg/London

Böttcher, Winfried (2011), Ein anderes Europa – Von den Nationalstaaten zu den Regionen, Baden-Baden

Eagleton, Terry (2001), Was ist Kultur?, 2. Aufl., München

Eco, Umberto (2020), Der ewige Faschismus, 2. Aufl., München

Ehrlich, Paul/Anne H. Ehrlich (1972), Bevölkerungswachstum und Umweltkrise, Frankfurt a. M.

Enzensberger, Hans Magnus (2011), Sanftes Monster Brüssel oder Die Entmündigung Europas, Berlin

Franziskus, Papst (2015), Laudato si, Enzyklika, Gelobt seist du, mein Herr, Leipzig

Fried, Alfred H. (1907), Die moderne Friedensbewegung, Leipzig

Friedrich, Carl Joachim (1975), Johannes Althusius und sein Werk der Entwicklung der Theorie von der Politik, Berlin

Gabriel, Markus (2020), Moralischer Fortschritt in dunklen Zeiten, Berlin

Gellner, Ernest (1997), Nationalismus – Kultur und Macht, Berlin

Glotz, Peter (1990), Der Irrweg des Nationalstaates, Europäische Reden an ein deutsches Publikum, Stuttgart

Greenblatt, Stephen (2019), Der Tyrann – Shakespeares Machtkunde für das 21. Jahrhundert, München

Habermas, Jürgen (1998), Die postnationale Konstellation, Frankfurt a. M.

Habermas, Jürgen (2011), Die Verfassung Europas, Berlin

Harper, Kyle (2020), Fatum – Das Klima und der Untergang des Römischen Reiches, München

Heininger, Rolf (2011), Die Kubakrise 1962, München

Hennis, Wilhelm (1970), Demokratisierung. Zur Problematik eines Begriffs, Köln/Opladen

Hennis, Wilhelm (1973), Die mißverstandene Demokratie, Freiburg

Hobsbawn, Eric J. (1991), Nationen und Nationalismus – Mythos und Realität seit 1780, Frankfurt a. M.

Jonas, Hans (1984), Das Prinzip Verantwortung – Versuch einer Ethik für die technologische Zivilisation, Frankfurt. a. M.

Judt, Tony (2005), Geschichte Europas von 1945 bis zur Gegenwart, München/Wien

Kapr, Albrecht (1987), Johannes Gutenberg – Persönlichkeit und Leistung, München

Kedourie, Elie (1971), Nationalismus, München

Kohn, Hans (1950), Die Idee des Nationalismus – Ursprung und Geschichte bis zur Französischen Revolution, Heidelberg

Kohr, Leopold (1983); Die überentwickelten Nationen, Salzburg

Kreibich, Rolf (1986), Die Wissensgesellschaft. Von Galilei zur High-Tech Revolution, Frankfurt a. M.

Krippendorf, Ekkehart (1970), Friedensforschung, Köln/Berlin

Latif, Mojib (2020), Heisszeit – Mit Vollgas in die Klimakatastrophe – Wie wir auf die Bremse treten, Freiburg

Lemberg, Eugen (1964), Nationalismus I/II, Reinbek bei Hamburg

Löwenthal, Richard (1973), Sozialismus und aktive Demokratie, Frankfurt a. M.

Luxemburg, Rosa (1978), Die Russische Revolution, in: dies., Gesammelte Werke, hier: Bd. 4, 2. Aufl., Berlin

Mak, Geert (2012), Was, wenn Europa scheitert, München

Meadows, Dennis u. a. (1972), Die Grenzen des Wachstums- Bericht des Club of Rome zur Lage der Menschheit, Stuttgart

Meinecke, Friedrich (1917), Weltbürgertum und Nationalstaat, 4. Aufl., München/Berlin

Menasse, Robert (2012), Der Europäische Landbote, Wien

Mishra, Pankaj (2014), Aus den Ruinen des Empires – Die Revolte gegen den Westen und der Wiederaufstieg Asiens, 4. Aufl., Frankfurt a. M.

Morin, Edgar (1988), Europa denken, Frankfurt a. M.

Münkler, Herfried (1987), Im Namen des Staates – Zur Begründung der Staatsraison in der frühen Neuzeit, Frankfurt a. M.

Naisbitt, John (1984), Megatrends, Bayreuth

Negt, Oscar (2010) Der politische Mensch, Göttingen

Negt, Oscar (2012), Gesellschaftsentwurf Europa, Göttingen

Osgood, Charles (1962), An Alternative to War and Surrender, Urbana

Padover, Saul K. (1946/1999), Lügendetektor – Vernehmungen im besiegten Deutschland 1944/45, 2. Aufl., Frankfurt

Pernthaler, Peter (1996), Allgemeine Staatslehre und Verfassungslehre, 2. Aufl., Wien

Quaritsch, Helmut (1986), Souveränität – Entstehung und Entwicklung des Begriffs in Frankreich und Deutschland vom 13. Jh. bis 1806, Berlin

Rahmstorf, S./H. J. Schellenhuber (2018), Der Klimawandel, 8. Aufl., München

Rawls, John (1975), Eine Theorie der Gerechtigkeit, Frankfurt a. M.

Rjazanow, D. (1928), Karl Marx als Denker, Mensch und Revolutionär, Berlin

Rougemont, Denis de (1980), Die Zukunft ist unsere Sache, Stuttgart

Sassen, Saskia (1996), Migranten, Siedler, Flüchtlinge – Von der Massenauswanderung zur Festung Europa, Frankfurt a. M.

Schmale, Wolfgang (2001), Geschichte Europas, Wien

Schulze, Hagen (1999), Staat und Nation in der europäischen Geschichte, München

Schumacher, E. F. (1973), Small is Beautiful – Economics as if People Mattered, New York

Schumacher, E. F. (1977), Die Rückkehr zum menschlichen Maß, Reinbek b. Hamburg

Schmidt, Alfred (1974), Der Begriff der Natur in der Lehre von Karl Marx, 2. Aufl., Frankfurt a. M./Köln

Singer, Alex (1993), Nationalstaat und Souveränität – Zum Wandel des europäischen Staatensystems, Frankfurt a. M.

Solla Price, Derec de (1961), Science since Babylon, New Haven

Stolleis, Michael (1983), Pecunia Nervus Rerum – Zur Staatsfinanzierung in der frühen Neuzeit, Frankfurt a. M.

Wadsak, Markus (2020), Klimawandel – Fakten gegen Fake & Fiktion, Wien

Wehler, Hans-Ulrich (2011), Nationalismus. Geschichte, Formen, Folgen, 4. Aufl., München

Welfens, Paul J. J. (2017), Brexit aus Versehen – Europäische Union zwischen Desintegration und neuer EU, Berlin

Wiener, Norbert (1952), Mensch und Menschmaschinen, Frankfurt a. M.

Winkler, Heinrich August (2012), Geschichte des Westens – Von den Anfängen in der Antike bis zum 20. Jahrhundert, 3. Aufl., München

Winkler, Heinrich August (2015), Geschichte des Westens – Die Gegenwart, München

Winters, Peter Jochen (1963), Die „Politik" des Johannes Althusius und ihre zeitgenössischen Quellen, Freiburg

Ziegler, Jean (2020), Die Schande Europas – Von Flüchtlingen und Menschenrechten, München

7.4 Sammelbände, Zeitschriften, Presse

Sammelbände

Bielefeld, Ulrich (Hrsg.), (1998) Das Eigene und das Fremde – Neuer Rassismus in der Alten Welt?, Hamburg, darin: Baumann, Zygmunt, Moderne und Ambivalenz, S. 23–49

Böttcher, Winfried (Hrsg.) (2014), Klassiker des europäischen Denkens – Friedens- und Europavorstellungen aus 700 Jahren europäischer Kulturgeschichte, Baden-Baden, darin: Böttcher, Winfried/ Martin Schulz, Jacob Burckhardt, S. 377–387

Hertrampf, Marina Ortrud M., Paul Valéry (1871–1945), S. 480–486

Brandt, Peter, Karl Marx (1818–1883), S. 387–393

Böttcher, Winfried (Hrsg.) (2019), Europas vergessene Visionäre – Rückbesinnung in Zeiten akuter Krisen, Baden-Baden, darin: Böttcher, Winfried, Ludwig Börne (1786–1837), S. 222–231

Carstens, Uwe/ Carsten Schlüter-Knauer (Hrsg.) (1998), Der Wille zur Demokratie – Tradtionslinien und Perspktiven, Berlin, darin: Winfried Böttcher, Identität und Demokratisierung – Zum zukünftigen Europa der Regionen, S. 315–330

Heid, Daniela/ Rüdiger Stotz/ Arsène Verny (Hrsg.) (2014), Festschrift für Manfred A. Dauses zum 70. Geburtstag, München, darin: Winfried Böttcher, Von der Staatsraison zur Regionsräson in einem anderen Europa, S. 1–16

Jänicke, Martin (Hrsg.) (1973), Politische Systemkrisen, Köln, darin: Ders., Die Analyse des politischen Systems aus der Krisenperspektive, S. 14–50

Kraljic, Suzana/ Jasmina Klojcnik (Hrsg.) (2019), From an Individual to the European Integration – Discussion on the Future of Europe, Maribor, darin: Winfried Böttcher, Europas Zukunft – Eine regionalisierte Republik, S. 75–90

Lauer, Jürgen (Hrsg.) (2016), Winfried Böttcher: Nachdenken über Europa, Baden-Baden, darin: verschiedene Beiträge

Maier, Hans/ Heinz Rausch/Horst Denzer (Hrsg.) (1968), Klassiker des politischen Denkens, Bd. 1, Von Plato bis Hobbes, 6. Aufl., München, darin: Horst Denzer, Bodin (1530–1596), S. 243–265

Schnur, Roman (Hrsg.) (1975), Staatsraison – Studien zur Geschichte eines politischen Begriffs, Berlin, darin: Rohan and the Interest of State, S. 121–140

Starn, Rudolf, Historische Aspekte des Krisenbegriffs, S. 52–69, Köln

Take, Michael (Hrsg.) (2006), Politik als Wissenschaft –Festschrift für Wilfried Röhrich zum 70. Geburtstag, Berli, darin: Winfried Böttcher, Eine Föderation neuer Art – Zur Struktur Europas, S. 519–538

Toss, M. Michael/ Christina Weiss (Hrsg.)(2009), Das Ende der Gewissheiten – Reden über Europa, München, darin: Taric Ramadan, Die Zukunft liegt im Dialog – Neue Herausforderungen für Muslime in Europa, S. 108–127

Zeitschriften

Behnen, Michael (1987), „Arcana – haec sunt Ratio Status" – Ragio di Stato und Staatsraison, Probleme und Perspektiven (1589–1651), In: Zeitschrift für Historische Forschung Nr. 1, S. 129–195, Berlin

Blair, Tony, Artikel zum britischen Ratsvorsitz in der F.A.Z. vom 30.6.1998, in: Internationale Politik, 9/1998, D 103–105

Buchheim, Hans, Das Prinzip „Nation" und der neuzeitliche Verfassungsstaat, in: Zeitschrift für Politik (ZfP)l 42. Jg., H. 1, Köln 1995, S. 60–67

Galtung, Johan, A Structural Theory of Integration, in: Journal of Peace Research, JPR, S. 375–395

Keiser, Günter (1958), Die Verhandlungen über die Errichtung einer europäischen Freihandelszone, in: Europa-Archiv, 13. Jg., 1. Folge, 10423–10430

Markl, Hubert, Innovationen: Pflicht zum Fortschritt, in: Merkur, 52. Jg., H. 5, Stuttgart 1998, S. 420–431

Thatcher, Margret, Rede vor dem Europakolleg in Brügge am 20. September 1988, in: Europaarchiv, 1988, Folge 24, D 682–687

Rifkin, Malcom, Rede vor der Konrad-Adenauer-Stiftung am 19. Februar 1997 in Sankt Augustin, in: Internationale Politik, März 1997, D 120–124

Sternberger, Dolf (1980), Komponenten der geistigen Gestalt Europas, in: Merkur, 24. Jg., S. 228–238

White, Lynn Jr. (1967), The historical roots of our ecological crisis, Science, 155, S. 1203–1207

Presse

Assheuer, Thomas (2002), Wer Hat Angst vor der Utopie?, In: Die Zeit, Nr. 50

Brücker, Herbert u. a., Masterplan für Integration, in: Süddeutsche Zeitung (SZ), 23./24.4.2016

Cammeron, David, Europäische Grundsatzrede v. 23.1.2013, in: Die Welt

Chomsky, Noam im Interview mit Johannes Peterer im ORF am 19.4.2017

Chomsky, Noam am 17.4.2020, b. youtube : „Gangster in the White House"

DIVI, Pressemitteilung vom 26.3.2020

Eurobarometer, Spezial 490, Climate Change Report, April 2019

Gutscher, Thomas, Exit, FAS, 22.1.2017

Kohler, Georg, Nationalismus: Doktrin der Differenz, in: NZZ v. 29.11.1990

Lobenstein, Caterina, in: Die Zeit, 18.12.2019

Menden, Alexander, Wie weit ist es von der Insel zum Kontinent?, in: SZ vom 15.6.2015

Schelsky, Helmut, Mehr Demokratie oder mehr Freiheit, in: FAZ vom 20.1.1973

Schloemann, Johan über Pankaj Mishra, in: SZ vom 7./8.2.2015

Spiegel-Online, 31.8.2020, Brasiliens Regenwald brennt wie lange nicht mehr.

The Independent vom 13. Juli 1990

Utopia.de / Ratgeber / earth-overshoot-day

8 Personenregister

Danksagung

An erster Stelle danke sehr herzlich meinem langjährigen Freund Jürgen Lauer. Er hat nicht nur das Buch mit philologischer Gründlichkeit lektoriert, sondern auch durch textkritische Anmerkungen optimiert.

Dank gilt auch Axel Jürgens, dem Gründer und Ideengeber von Eyes of Europe. Schon drei Wochen vor Erscheinen hat er das Buch auf der EoE-Online Plattform, Commentaries – Elcor International, perfekt präsentiert.

Nicht zuletzt danke ich Sarah Bellersheim und Tamara Kuhn, stellvertretend für das gesamte Tectum-Team, für die gelungene Herstellung und ansprechende Präsentation des Buches.